So sind sie, die

Österreicher

Louis James

Die Fremdenversteher

Impressum

Louis James
So sind sie, die Österreicher

erschienen im
Reise Know-How Verlag Peter Rump GmbH
Osnabrücker Str. 79, 33649 Bielefeld

© der deutschsprachigen Ausgabe Reise Know-How Verlag Peter Rump GmbH 2017
1. Auflage 2017

Alle Rechte vorbehalten.

Titel der englischen Originalausgabe:
Xenophobe's® guide to The Austrians
© Xenophobe's® Guides Ltd.

Deutsch von Arlind Junkermann

Gestaltung
Umschlag: Franziska Feldmann (Layout), der Verlag (Realisierung)
Inhalt: Günter Pawlak, FaktorZwo (Layout), der Verlag (Realisierung)
Zeichnungen: Gunda Urban und Franziska Feldmann

Redaktion
Thorsten Altheide

Druck und Bindung:
Media-Print, Paderborn

Printed in Germany

ISBN 978-3-8317-2878-7
ISBN epub 978-3-8317-4859-4
ISBN mobi 978-3-8317-4860-0

Dieses Buch ist erhältlich in jeder Buchhandlung Deutschlands, der Schweiz und Österreichs:
Bitte informieren Sie Ihren Buchhändler über folgende Bezugsadressen:
Deutschland
Prolit GmbH, Postfach 9, D-35461 Fernwald (Annerod) sowie alle Barsortimente
Schweiz
AVA Verlagsauslieferung AG, Centralweg 16, CH-8910 Affoltern am Albis
Österreich
Mohr Morawa Buchvertrieb GmbH, Sulzengasse 2, A-1230 Wien

Wer im Buchhandel trotzdem kein Glück hat, bekommt unsere Bücher auch über:
www.reise-know-how.de

Inhalt

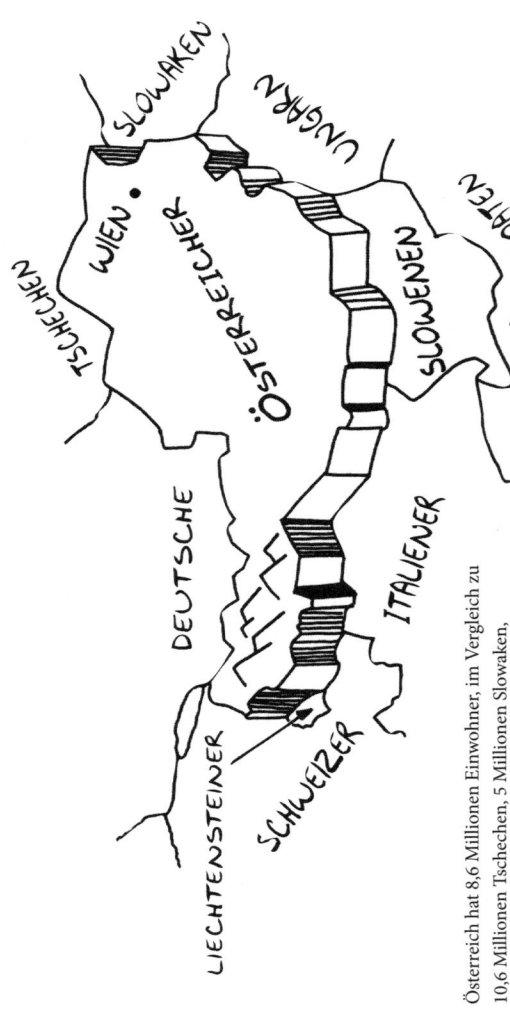

Österreich hat 8,6 Millionen Einwohner, im Vergleich zu
10,6 Millionen Tschechen, 5 Millionen Slowaken,
10 Millionen Ungarn, 2 Millionen Slowenen,
61,8 Millionen Italienern, 8 Millionen Schweizern,
81 Millionen Deutschen und 321 Millionen Amerikanern.

Nationalität & Identität

Eine Warnung vorab

Die Österreicher haben schon viel Tinte darauf verwendet, die österreichische Identität zu ergründen. Gibt es sie wirklich? Sollte es sie überhaupt geben? Wird sie gestärkt oder schwindet sie? Beruht sie ausschließlich auf der Vergangenheit oder wird sie sich erst in der

>> **Hypochonder pflegen ihre körperlichen Gebrechen – die Österreicher pflegen ihre Identitätskrise.**

Zukunft zeigen? Hypochonder pflegen ihre körperlichen Gebrechen – die Österreicher pflegen ihre Identitätskrise.

Die österreichische Identität hängt irgendwo zwischen ihrer kaiserlichen Geschichte und der Zugehörigkeit zur eigenen Region. Ein englischer Historiker beschreibt das so: „In anderen Ländern sind Dynastien vorübergehende Episoden in der Geschichte von Völkern; bei den Habsburgern ist das Volk ein Störfaktor innerhalb der Geschichte der Dynastie." Die Republik Österreich wurde erst 1918 gegründet, nachdem die beiden Nationen der österreichisch-ungarischen Doppelmonarchie unabhängig voneinander wurden. Der französische Staatsmann Georges Clemenceau kommentierte das (angeblich) etwas ruppig so: „L'Autriche, c'est ce qui reste" – „Österreich, das ist das, was übriggeblieben ist."

Wie ihre Nachbarn sie sehen

Ein deutscher Historiker bezeichnete einst nicht sehr schmeichelhaft die Bayern als das fehlende Bindeglied zwischen den Österreichern und menschlichen Wesen. Offensichtlich hatte er übersehen, dass die ersten Österreicher ursprünglich aus Bayern stammten, wenn man von ein paar vereinzelten Alemannen absieht.

Das Urteil der Deutschen über die Österreicher ist über die Jahre nicht milder geworden, obwohl Heerscharen von Deutschen sehr gerne zum Skifahren, Wandern und für Sex ins schöne Österreich kommen. Selbst der übergewichtige ehemalige deutsche Kanzler Helmut Kohl verbrachte regelmäßig seinen Sommerurlaub an den Seen Österreichs und versuchte dort vergeblich abzunehmen. Leider verstärkte dies noch das Image, dass Österreich das Land ist, in das man fährt, wenn man alles etwas locker angehen lässt – und dementsprechend die Österreicher auch nicht ganz ernst zu nehmen sind.

> **Die Deutschen unterstellen den Österreichern einen Hang zur Schlamperei, was diese wiederum gar nicht als Schwäche ansehen.**

Die Deutschen unterstellen den Österreichern einen Hang zur Schlamperei, was diese wiederum gar nicht als Schwäche ansehen (diese Charaktereigenschaft wurde von einem tolerant gesinnten Engländer beschrieben als „eine Art Trägheit, eine entspannte Gelassenheit, die leicht zur Nachlässigkeit verkommen kann. Diese zieht sich von den obersten bis zu den untersten Gesellschaftsschichten und führt dazu, dass erstere Schlachten verlieren und letztere Botengänge vergessen").

Die deutsche Meinung über die österreichische Inkompetenz hat ihren Ursprung zweifellos in der Geschichte, denn die Armeen der Habsburger verloren mit schöner Regelmäßigkeit Schlachten gegen die preußischen Truppen. Die schlimmste Katastrophe ereignete sich 1866 bei Königgrätz (Sadowa), als die österreichischen Soldaten mit ihren dekorativen, strahlend weißen Uniformen der gegnerischen Artillerie jegliche nur mögliche Unterstützung zukommen ließen und sich die österreichischen Generäle absolut nicht erklären konnten, warum sich der Gegner weigerte, sich an die sorgfältig zu Hause ausgeklügelten, raffinierten Schlachtpläne und Manöver zu halten. Einer der Kommandeure beklagte sich: „Auf dem Schmelz (dem damaligen Parade- und Exerzierplatz in Wien) hat das doch immer gut funktioniert." Für die Deutschen ist nicht nachvollziehbar, dass die Österreicher sich immer wieder daran ergötzen, diese Geschichte zu erzählen, obwohl sie sie in keinem vorteilhaften Licht erscheinen lässt. Für einen Preußen bedeutet Selbstironie in Bezug auf verlorene Schlachten eine Nachlässigkeit, die zu weiteren Niederlagen führen könnte.

Ein weiteres Vorurteil der Deutschen betrifft den legendären (und weitgehend erfundenen) Geiz der Österreicher, der die Schlussfolgerung zulässt, dass es wenigstens eine Nation gibt, die noch vorsichtiger mit Geld umgeht als die Deutschen selber.

>> **Die Armeen der Habsburger verloren mit schöner Regelmäßigkeit Schlachten gegen die preußischen Truppen.**

„Ein Münchner fährt einen Wiener nach Hause. Der Wiener bietet nicht an, sich am Benzingeld zu beteiligen, außerdem verlangt er von dem Fahrer, einen Umweg über einen entlegenen Vorort zu machen, in dem er noch Geschäfte zu erledigen habe. In dem Vorort angekommen, stellt sich heraus, dass er zwölf Pfandflaschen im Kofferraum hat. Er will sie dort abgeben, weil er in einer Werbeanzeige des dort ansässigen Ladens gelesen hat, dass dieser 5 Cent mehr für die leeren Flaschen bezahlt als jeder andere Laden in Wien. Als er den Gesichtsausdruck seines Münchner Freundes sieht, bietet ihm der Wiener hastig an, das Benzingeld für den Umweg zu zahlen. Letztendlich kostete ihn diese Fahrt ungefähr 36 Euro, um 60 Cent zu sparen."

Die Ungarn haben gelernt, ihre Nachbarn mit einer gewissen Zuneigung zu betrachten, besonders die Betreiber von Läden mit günstigen Computern und Gebrauchtwagenhändler. Die Einwohner Budapests leben Tag für Tag in froher Erwartung eines Geldsegens österreichischer Investoren oder wenigstens in der Hoffnung darauf. In den Grenzdörfern weisen deutsch beschriftete Schilder auf Friseure, Zahnärzte und andere obskure Geschäfte hin.

>> In den ungarischen Grenzdörfern weisen deutsch beschriftete Schilder auf Friseure, Zahnärzte und andere obskure Geschäfte hin.

Abgesehen von der wirtschaftlichen Situation kommen auch österreichisch-ungarische Liebesbeziehungen vor. Die beträchtlichen Gemeinsamkeiten beider Nationen sorgen im Allgemeinen dafür, dass diese funktionieren. Ein Österreicher, der in die kontrollierte Hysterie einer ungarischen Familie einheiratet, fühlt sich direkt heimisch, nur mit einer kleinen Extraportion. Und ein Ungar wird feststellen, dass seine Schwiegerfamilie ihn mit Unmengen von schwerem, kalorienreichen Essen vollstopft, ganz wie Mama zu Hause.

Die Österreicher und Ungarn sind nicht durch eine gemeinsame Sprache getrennt wie etwa die Österreicher und die Deutschen oder die Engländer und die Amerikaner. Also lernt der Ungar Deutsch – für ihn die Sprache des Geldes und der Karrierechancen – und bezaubert alle mit seinem charmanten Akzent, garniert mit ein paar wundersamen ungarischen Ausdrücken. Keiner der österreichischen Verwandten ist so verrückt, es mit Ungarisch zu versuchen, weil das, wie allgemein bekannt, unmöglich ist. Also kann der Ungar weiterhin ungezwungen über das Telefon der Schwiegereltern mit seinen zwielichtigen Geschäftskumpels in Budapest sprechen.

>> **Die Österreicher und Ungarn sind nicht durch eine gemeinsame Sprache getrennt wie etwa die Österreicher und die Deutschen.**

Wie sie andere sehen

Die Österreicher haben zu den Deutschen ein zutiefst gespaltenes Verhältnis und sind sich unschlüssig, ob sie sie als potentielle Retter oder potentielle Eroberer ansehen sollen. Es ist unmöglich, die schleichende Germanisierung der Wirtschaft gänzlich zu übersehen (große Teile der nationalen Presse und Fernsehsender sind in deutscher Hand und fast alle Autoren, die es zu etwas bringen wollen, bemühen sich, einen deutschen Verlag zu finden). Manchmal muss man die Deutschen eben tolerieren und anerkennen, weil sie Lösungen für Probleme bieten. Zum Beispiel werden häufig deutschen Akademikern Professuren für österreichische Universitäten angeboten, weil alle möglichen eigenen Kandidaten durch die politische Gemengelage blockiert sind. Daraus resultiert für die Österreicher ein Gefühl der Frustration: Ein Teil

》 Ein Teil der österreichischen Psyche hält die Deutschen für Piefkes.

der österreichischen Psyche ist dazu bereit, einen deutschen Gelehrten im Vergleich zu den eigenen als bedeutender anzuerkennen, während ein anderer Teil ihrer Psyche die Deutschen für Piefkes hält (ein abfälliger Ausdruck, in dem die humorlose Arroganz der militaristischen Preußen mitschwingt).

Die anderen Nachbarn der Österreicher sind die Italiener, die Slawen, die Ungarn und die Schweizer. Mit den Italienern hätten sie ja ganz gut auskommen können, wenn diese nicht im Zuge eines schäbigen Deals mit den Alliierten im Ersten Weltkrieg Südtirol gestohlen hätten. Darüber kann man aber angesichts der Tatsache hinwegsehen, dass die Italiener die Österreicher traditionell mit Komponisten, Architekten, Diven und Eiscreme versorgten, die allseits beliebt sind. Auch schicken sie ganze Busladungen voller Touristen. Die Wiener

Verkäufer (welche gerne nützliche Sprachen lernen) sind wahre Meister in der Kunst, die geneigte Aufmerksamkeit von sprachlich herausgeforderten Italienerinnen auf die teuersten Artikel zu lenken und sie ihnen zu verkaufen.

Im Gegenzug machten sich kränkelnde Nord- und Osttiroler zügig auf den Weg über die Grenze nach Südtirol, sobald sie herausfanden, dass dort manche Medikamente bis zu 40 % günstiger sind. Für die eigentliche medizinische Behandlung oder um sich die Zähne richten zu lassen, ist die schlaueste Lösung, für eine Stippvisite über die Grenze nach Ungarn zu fahren, wo Damen und Herren in weißen Kitteln und mit untadeligen Manieren nur darauf warten, ihre sprachlichen und sonstigen Kenntnisse an den preisbewussten Österreichern zu praktizieren.

Das Verhältnis zu den Slawen ist komplizierter. Die Tschechen waren zu Recht verärgert, als Kaiser Franz Joseph 1867 einen Pakt mit den Ungarn schloss und somit die Doppelmonarchie Österreich-Ungarn begründete. Sie sahen nicht ein, wieso ihnen nicht die gleiche

>> **Die Slowaken sind sicherlich einer Erwähnung wert, aber das ist meistens auch schon alles, was sie bekommen.**

Behandlung zustand. (Antwort: Wenn man sich erst einmal mit den Slawen einlässt – wer weiß, wo das hinführt?)

Die anderen slawischen Nachbarn sind die Slowenen und die Slowaken. Die Slowaken (die immer noch von manchen, die nicht aufgepasst haben, mit den Tschechen verwechselt werden) sind sicherlich einer Erwähnung wert, aber das ist meistens auch schon alles, was sie bekommen.

Die Zuneigung zu den Schweizern (oder der Mangel an derselben) setzt sich aus einer Mischung aus Bewunderung, Neid und Verachtung zusammen. Natürlich hegen viele Leute den Schweizern gegenüber vergleichbare Gefühle, aber den Österreichern fällt es besonders schwer, ihre Verärgerung darüber zu verbergen, wie ihre Nachbarn Konflikte vermeiden und dabei unerträglich reich werden, sogar reicher als die Österreicher selbst.

>> **Die Schweizer sind sich der latenten Animosität der Österreicher sehr wohl bewusst.**

Die Schweizer sind sich der latenten Animosität der Österreicher sehr wohl bewusst und bemühen sich, so taktvoll wie möglich damit umzugehen. Während sie einerseits kaum die Anzahl ihrer schneebedeckten Berge, die in Konkurrenz zu den österreichischen Skigebieten stehen, verringern können, können sie wenigstens zum Ausgleich ein paar diskrete Bankgeschäfte für Steuerflüchtlinge anbieten. Wenn Schweizer Unternehmen österreichische Firmen schlucken, wie es ab und zu vorkommt, legen sie ein gönnerhaftes Gebaren an den Tag, betonen ihre Rücksicht auf regionale Befindlichkeiten und stellen sich als verantwortungsvolle Partner dar, die großzügig ihre Expertise mit den österreichischen Partnern teilen.

Trotzdem hält sich eine gewisse Verbitterung. In der österreichischen Klatschpresse erschien an einem Wochenende ohne andere nennenswerte Ereignisse ein Artikel über ein Schwimmbad in Zürich, bei dem die Decke eingestürzt war; leider hatte es auch Tote gegeben. Eine elegante Dame, die in einem Wiener Café von der Tragödie las, murmelte: „Na, endlich ist den Schweizern auch mal etwas passiert."

Wie sie sich selber sehen

Österreich ist in neun Bundesländer unterteilt, deren Zugehörigkeitsgefühl zu Österreich immer dann am größten ist, wenn es um ihren Anteil am Bundeshaushalt geht.

Ansonsten sind sie stolze Kärntner, Steirer oder Burgenländer (wenn es zum Beispiel um die landesweite Verteilung

》 Österreich ist in neun Bundesländer unterteilt, deren Zugehörigkeitsgefühl zu Österreich immer dann am größten ist, wenn es um ihren Anteil am Bundeshaushalt geht.

von Asylsuchenden oder Flüchtlingen geht). Es stimmt schon, dass die Einwohner Salzburgs einmal den dringenden Wunsch äußerten, Teil von Deutschland zu werden und Vorarlberg versuchte, in Richtung Schweiz abzudriften. Aber inzwischen haben sich alle beruhigt und sich dafür entschieden, Österreicher zu sein – also zumindest nicht irgendetwas anderes.

„Österreich", so der anonyme Verfasser eines Flugblattes von 1841, „ist ein rein fiktiver Name". Das Wort selbst ist laut dem Historiker Roman Sandgruber ein philologisches Kuddelmuddel, da die deutsche Wurzel *austr* „Osten" bedeutet, das lateinische Wort *auster* aber auf Süden hindeutet. Tatsächlich möchten die Österreicher weder den östlichen Staaten zugeordnet werden (schlimm genug, dass die Tschechen es heimtückischerweise gewagt haben, Prag westlich von

Wien anzusiedeln) noch als Teil Südeuropas oder gar Südosteuropas angesehen werden (die berüchtigten „Balkanstaaten" sind schon viel zu nahe, danke sehr!).

Jeder Österreicher, der seinem Namen Ehre macht, wird behaupten, dass er Mitteleuropäer ist – mehr noch, er sieht sich als Bewohner des Landes, das früher das geistige und politische Herzstück Mitteleuropas ausmachte. Leider weiß sonst niemand so genau, wo sich die Mitte Europas befindet oder befand.

Für die Österreicher ist die Definition ihrer Position innerhalb Europas so etwas wie eine fixe Idee, denn, so Roman Sandgruber: „Österreich schöpft einen Großteil seiner Kraft aus der Idee der Mitte, des Zentrums, des Kompromisses und es legt eine geradezu narzisstische Neigung zum Mittelweg und zum Ausgleich von Extremen an den Tag."

>> **Die rein geografischen Verstrickungen sind nichts im Vergleich zu der psychologischen Komplexität des österreichischen Individuums.**

Aber die rein geografischen Wirrungen sind nichts im Vergleich zu der psychologischen Komplexität des österreichischen Individuums. Ein Protestant aus Tirol lebt unter Umständen in einer Art Parallelgesellschaft zu einem streng katholischen Niederösterreicher, während ein Wiener der zweiten Generation mit slawischen Wurzeln nichts mit Kärntnern deutschen Ursprungs gemein hat, die sich nach fast einem Jahrhundert heuchlerischen Gezänks noch immer gegen die zweisprachige Beschriftung von Straßenschildern in Dörfern mit ethnisch gemischter Bevölkerung sträuben.

Als 1991 ein Gletscher in Tirol den gefeierten Steinzeitmenschen „Ötzi" freigab, wurde er von den Italienern als einer der ihren beansprucht. Daraufhin stellte eine Kommission aus Wissenschaftlern fest, dass er möglicherweise gerade ein oder zwei Meter jenseits der österreichischen Grenze lag. Ein Fernsehreporter fragte etwas spöttisch, warum man nicht einfach im Pass nachschaue. Die Moral von der Geschichte ist: Selbst der Mann aus dem Eis ist sich, nach so vielen Jahren der Konservierung, im Unklaren über seine Identität, so wie alle anderen Österreicher auch.

Charakter

Man kann nur schwer eine allgemeingültige Aussage über den Charakter der Österreicher machen, die ihrer Abstammung nach eine Mischung aus Schwaben, Bayern und Slawen sind. Die Komplexität der Abstammung der Wiener und ihr vielleicht auch daraus resultierendes widersprüchliches Wesen sind legendär. Einige halten sie für Genießer, für liebenswürdige Zeitgenossen mit einem „goldenen Wiener Herzen", andere halten sie für hinterhältige, mürrische, übellaunige Per-

> **» Die Komplexität der Abstammung der Wiener und ihr vielleicht auch daraus resultierendes widersprüchliches Wesen sind legendär.**

sonen, die nur das Nötigste tun. Tatsächlich kann all dies zutreffend sein.

Die Bewohner der anderen Provinzen scheinen etwas homogener zu sein und zeigen Charaktereigenschaften, die zum Teil von ihrer Lebenssituation und zum Teil von ihrer Abstammung geprägt sind. Bei den Menschen im Vorarlberg oder in Tirol kann man den Schweizern zugeschriebene Eigenschaften wie Fleiß, Sparsamkeit, Frömmigkeit und eine gewisse Sturheit finden. Bei den heißblütigen Kärntnern im Süden ist der Lokalpatriotismus sehr ausgeprägt und sie sind für ihren Chauvinismus berüchtigt, der vielleicht mit der beachtlichen Größe der örtlichen slowenischen Minderheit im Zusammenhang steht.

>> **Bei den heißblütigen Kärntnern im Süden ist der Lokalpatriotismus sehr ausgeprägt und sie sind für ihren Chauvinismus berüchtigt.**

Das Resultat dieser Mischung von Sprachen, Charaktereigenschaften und vielfältigen Weltanschauungen, aus denen sich „die Österreicher" zusammensetzen, ist, dass sie auf viele verschiedene Traditionen zurückgreifen und mehrere unterschiedliche Positionen gleichzeitig vertreten können. (Es war ein Österreicher, der das erste Institut für Konfliktstudien gründete; ein anderer, Richard Coudenhove-Kalergi, formulierte als Erster die originelle Idee, eine gesamteuropäische Union durch Verhandlungen und nicht durch Gewalt zu erreichen.)

Andere österreichische, die Provinzgrenzen überwindende Charaktereigenschaften gehen auf die Metternich-Ära (1814–1848) zurück, als den Österreichern die Einheit mit eiserner

Faust eingebläut wurde. Konfrontiert mit einer solchen „höheren Gewalt" entwickelten die Österreicher als Überlebensstrategie die Methode der „inneren Emigration" im Ausgleich zur äußeren Anpassung.

Innere Emigration

Das Vermeiden von Unannehmlichkeiten mit den Behörden hat zum Vorrang des Scheins gegenüber dem Sein geführt. Aus dem gleichen Grund führen die Österreicher Doppelleben: eins für die Akten und eins für den täglichen Gebrauch. Sie sind darüber zu wahren Meistern von Parallelwelten geworden.

Eine Folge davon ist, dass die Österreicher eine Fassade errichtet haben, hinter der Frustration und Widerwille schwelen kann. Darin liegt auch der Ursprung des zwiespältigen Verhältnisses, das die Österreicher im Umgang mit der Macht haben, eine Mischung aus Unterwürfigkeit und Verachtung, mit der sie allem begegnen,

» Die Österreicher haben eine Fassade errichtet, hinter der Frustration und Widerwille schwelen kann.

was ihnen überlegen erscheint. Eine der liebsten Freizeitbeschäftigungen der Österreicher ist es, wichtigtuerisches Verhalten zu entlarven, einfach deshalb, weil es sich dazu anbietet, entlarvt zu werden. Der Dramatiker Franz Grillparzer, der in vielerlei Hinsicht die ideale Verkörperung eines Österreichers war – ein mürrisches Genie mit einer gesicherten Existenz im Staatsdienst –, schrieb mit Blick auf seine Mitbürger: „Und die Größe ist gefährlich / Und der Ruhm ein leeres Spiel".

Diese Haltung scheint auch schon vor dem Zusammenbruch des Imperiums Teil ihrer Natur gewesen zu sein. Sie hat mit einem Umgang mit Macht zu tun, der noch aus Zeiten absolutistischer Herrschaft stammt, und mit einer Form von Selbstironie, die diejenigen entwickelten, die schlauer waren (oder sich dafür hielten), als die Vertreter der Staatsmacht, denen sie sich beugen mussten. All dies hat bei den Österreichern zu einer faszinierenden Mischung aus Berechenbarkeit und Unberechenbarkeit geführt, abwechselnd freundlich und boshaft, verlässlich und heimtückisch, mal übermäßig selbstbewusst, mal zu wenig. Es hat Österreich zu einem Ort gemacht, an dem die zur Schau gestellte Überheblichkeit sich plötzlich in echte Demut verwandeln kann und der übermäßg ausgeprägte Sinn für das Lächerliche echte Errungenschaften und Scharlatanerie in gleicher Weise bedroht.

>> **Es bleibt dem Fremden überlassen, sich im österreichischen Spiegelkabinett zurechtzufinden, in dem jede Verallgemeinerung genauso wahr ist wie ihr Gegenteil.**

Es bleibt dem Fremden überlassen, sich in diesem Spiegelkabinett zurechtzufinden, in dem jede Verallgemeinerung genauso wahr ist wie ihr Gegenteil. Oder wie es der österreichische Dramatiker und Komiker Johann Nestroy treffend formulierte: „Ich möcht' mich einmal mit mir selbst zusammenhetzen nur um zu sehen, wer der Stärkere is', ich oder ich?"

Konservativ oder kreativ

Der paradoxe Charakter der Österreicher vermischt eine zutiefst konservative Haltung mit einem Hang zu Innovation und Erfindergeist. Normalerweise sieht dieser Konflikt so aus, dass gute Ideen durch Bürokratie ausgebremst werden, aber manchmal ist es auch umgekehrt. Zum Beispiel gab es in der Bevölkerung einen Aufruhr, als Kaiser Joseph II. wiederverwertbare Särge einführen wollte, bei denen sich Klappen nach unten öffnen ließen, um die jeweilige Leiche in die Erde fallen zu lassen. Fallenlassen musste er dann diesen Plan, wobei er sich über die Verschwendungssucht seines Volkes ärgerte.

>> **Der paradoxe Charakter der Österreicher vermischt eine zutiefst konservative Haltung mit einem Hang zu Innovation und Erfindergeist.**

Der starre Konservatismus wird auch für das „österreichische Erfinderschicksal" verantwortlich gemacht – der schadenfrohe Ausdruck bezeichnet das angeblich typisch österreichische Los, mit einer neuen Erfindung komplett ignoriert zu werden. Die jeweiligen Machthaber oder ihre bürokratischen Handlanger wehren solche unerwünschten Neuerungen mit folgenden drei Standardantworten ab:

– „Das hamma noch nie gemacht" (und fangen jetzt bestimmt nicht damit an).
– „Das hamma immer schon so gemacht" (und werden das gewiss nicht ändern).
– „Da könnt ein jeder kommen" (und uns mit verrückten Ideen belästigen).

Bei den Österreichern muss man eine ganze Menge Überzeugungsarbeit leisten, bevor sie jemanden zugunsten von Modernisierung und Effektivität an ihre Traditionen heranlassen. Sie hängen an ihren religiösen Feiertagen, mit denen der ganze Kalender unzeitgemäß gesprenkelt ist – in einer Welt, in der Arbeitnehmer reichlich reguläre Urlaubstage erhalten. Der Österreicher liebt seine Wurst, das fade Bier und den jungen Weißwein mit seinem ausgeprägten Beigeschmack nach Eisenspänen. Er gibt dem Bekannten und Erprobten den Vorzug gegenüber Neuem, welches immerhin von Leuten stammen könnte, die sich auf seine Kosten bereichern wollen.

》》 Das Markenzeichen der Österreicher ist eine gewisse ironische Distanz.

Dann wiederum kann er sehr wohl offen für neue Ideen sein und ärgert sich über die Scheinheiligkeit und Intoleranz, mit der sie aus Eigennutz blockiert werden.

Wie der Januskopf sind die Österreicher häufig selbst im Fortschritt rückwärtsgewandt und umgekehrt. Ihr Markenzeichen ist eine gewisse ironische Distanz, sowohl zur angestaubten Vergangenheit als auch zu den Herausforderungen der Zukunft – eine Skepsis, wie sie dem wachen österreichischen Verstand angemessen erscheint. Daher ist eine Hälfte der Österreicher arbeitswütig, die andere Hälfte aber ist sich der Vergeblichkeit menschlichen Strebens nur allzu bewusst.

„Warum rennen all diese Leute wie verrückt?", lautet ein typischer Witz. „Sie nehmen an einem Marathon teil.", so die Antwort. „Aber warum laufen sie um die Wette?" „Weil der Sieger einen großen Preis gewinnt." „Na gut, aber warum laufen die anderen mit?"

Meinungen & Werte

Status

Das österreichische Streben nach Stabilität drückt sich in einer nostalgischen Sehnsucht nach Hierarchien aus, in denen früher die gesellschaftliche Stellung und Standeszugehörigkeit eines jeden festgelegt war. Bis zum Ende der Habsburger Dynastie 1918 war der Hof

>> **Das österreichische Streben nach Stabilität drückt sich in einer nostalgischen Sehnsucht nach Hierarchien aus.**

das Zentrum eines großen Patronagesystems. Um im Leben voranzukommen, brauchte man Protektion, also eine Person, die einen zur Beförderung empfahl. Daher rührt die österreichische Versessenheit auf Titel und die angemessene Anrede: Sie erfüllen die doppelte Funktion, den eigenen Status vor den anderen Anwesenden zu erhöhen und demjenigen zu schmeicheln, auf dessen Gönnerschaft man hofft.

Wenn auch alle Adelstitel inzwischen per Gesetz abgeschafft sind, steht dafür eine schier unendliche Anzahl von beruflichen Titeln zur Wahl. Die wunderbarsten dieser barocken Kreationen entstammen dem Staatsdienst, wie etwa der Titel des Hofrats (gegründet 1498). Etliche der 19 verschiedenen Titel, die man im Beamtenregister von 1910 findet, sind noch heute in Gebrauch. Obwohl die Verlagerung von vormals staatlichen Aufgaben auf den privaten Sektor dazu führt, dass bestimmte Berufsgruppen verschwinden, wird der Titel „Hofrat" wohl noch für Generationen Teil der mentalen Ausstattung der Österreicher bleiben.

Die förmliche Anrede, eher mit Titel als mit Namen, gilt in Österreich für Höhergestellte ebenso wie für Rangniedere. Es heißt beispielsweise, dass die Mitarbeiter des Fahrdienstes der Regierung den hochtrabenden Titel „Fahrmeister" erreichen können, wenn sie es schaffen, ihre Arbeit ein paar Jahre ohne spektakuläre Unfälle zu verrichten.

>> **Der Titel „Hofrat" wird wohl noch für Generationen Teil der mentalen Ausstattung der Österreicher bleiben.**

Wie in der Bürokratie, so gab es in den guten alten Zeiten auch in akademischen Kreisen Titel, deren Rangliste große Beachtung geschenkt wurde. Der Rektor einer Hochschule wurde mit „Eure Magnifizenz" angesprochen. Sollte man heutzutage die Position eines Dozenten an der Universität erreichen, kann man als Nächstes eine Professur anstreben, allerdings nur als „Extraordinarius", also außerordentlicher Professor, wenn man keinen festen Lehrstuhl bekommt. Eine ordentliche Professur hat einen dermaßen hohen Stellenwert, dass der Pförtner (der exakteste Gradmesser für sozialen Status in Österreich) eine geradezu greifbare, kriecherische Unterwürfigkeit verströmt, wenn der Professor vorbeigeht. Wenn sich dieser dazu herablässt, sich aus einem Fernsehstudio an die Nation zu wenden, ist ein schwacher Heiligenschein um seinen Kopf wahrnehmbar.

Weibliche Professoren sind eine seltene Spezies, also darf man sich nicht durch die Anrede „Frau Professor" täuschen lassen, welche die Ehefrauen von Professoren durch eine Art gesellschaftliche Osmose erwerben. Andersherum funktioniert diese Osmose in den männlich chauvinistisch geprägten Akademikerkreisen nicht. Dem gesellschaftlich prekären Ehemann einer Professorin wird es nicht gestattet, sich mit dem Titel seiner Frau aufzuwerten.

>> **Eine Möglichkeit, die Fallstricke des beruflichen und gesellschaftlichen Aufstiegs zu umgehen, ist, ins Geschäftsleben einzusteigen und reich zu werden.**

Eine Möglichkeit, die Fallstricke des beruflichen und gesellschaftlichen Aufstiegs zu umgehen, ist, ins Geschäftsleben einzusteigen und reich zu werden. Wenn man es geschafft hat, stellt man das zur Schau, indem man sich für astronomische Summen eine Prunkvilla in einem der bevorzugten Viertel bauen lässt (das ist schon einem Vizekanzler zum Verhängnis geworden, der mit seinem auffälligen Luxusbau die Aufmerksamkeit der Steuerfahndung darauf lenkte, dem Ursprung seines Reichtums nachzugehen). Wenn die Villa alleine noch nicht prestigeträchtig genug ist, kann man immer noch den Titel des Honorarkonsuls eines obskuren afrikanischen Landes dazu erwerben. Das macht nicht viel Arbeit und der Titel macht sich gut auf dem Briefkopf.

Ein wichtiges Statussymbol ist auch das Auto – vornehmlich ein Mercedes, Audi oder BMW. Selbst Familien mit begrenztem Einkommen kaufen sich das prestigeträchtigste Modell, das sie sich gerade noch leisten können. Sogenannte „Gastarbeiter" kaufen traditionell große Gebrauchtmodelle von Mercedes (manchmal sehr gebraucht), um mit ihrer gesamten Familie und einem Großteil ihrer Besitztümer zwischen ihrem Heimatland und Wien hin- und herzufahren.

Alle Österreicher sind Experten, wenn es um Fahrzeugpreise geht. Deshalb wird der Besitz eines angemessenen deutschen Automodells auch von niederen Daseinsformen wie Lada-Fahrern oder Fußgängern als Beleg für den Wohlstand des Eigners verstanden.

Wohlstand & Erfolg

Die Einstellung des Durchschnittsösterreichers zu Geld und Erfolg ist bestenfalls zwiespältig. Zum Teil geht es dabei um Neid, aber auch um eine tiefverwurzelte Skepsis (basierend auf dem, was der „Mann auf der Straße" meint, vom „System" zu

》 Die Einstellung des Durchschnittsösterreichers zu Geld ist bestenfalls zwiespältig.

verstehen). Sobald jemand ins Rampenlicht tritt, wird gefragt: „Wer steht hinter ihm?" Natürlich ist es theoretisch möglich, dass sich diese Person mit Talent und Fleiß durchgesetzt hat; andererseits werden bestens informierte Mitmenschen nicht zögern, einem zu erzählen, dass es ja Dutzende von mindestens ebenso talentierten Leuten für den Job gegeben hätte.

In dieser Sichtweise steckt viel Wahrheit. Österreich ist ein kleines Land mit einer insgesamt sehr gebildeten Bevölkerung, weshalb es unwahrscheinlich ist, dass es jemals genügend Spitzenpositionen für so viele fähige Leute geben wird. *Wen* man *kennt* ist daher zwangsläufig genauso wichtig wie *was* man *kann*. Unerfüllte Ambitionen sind ein chronischer Zustand eines erheblichen (und nicht zu überhörenden) Anteils der Bevölkerung.

Der relative Mangel an Möglichkeiten und die ständige Notwendigkeit, sich um Rückendeckung zu bemühen, haben zu einer gewissen Siegermentalität im öffentlichen Leben geführt, was den Zynismus unter den Normalsterblichen noch verstärkt. Dafür ist sogar ein eigener Begriff geprägt worden: „Ämterkumulierung" (das ist natürlich ein Euphemismus; meistens verbirgt sich dahinter eher eine „Gehälterkumulierung"). Als im Zuge einer politischen Schlammschlacht bekannt wurde, dass die österreichische Nationalbank als Geldtopf für politisch erwünschte Amtsträger fungierte, kam auch heraus, dass ihr Präsident ein Gehalt bezog, das das Gehalt des Direktors der amerikanischen Zentralbank wie ein Taschengeld aussehen ließ. Mehr als einer der Direktoren wurde fürstlich entlohnt, ohne eine sichtbare Funktion innerhalb der Bank nachweisen zu können. Als einige von ihnen ihre Schreibtische räumen mussten, hatten sie Mühe, sich daran zu erinnern, wo diese eigentlich standen.

>> **Unerfüllte Ambitionen sind ein chronischer Zustand eines erheblichen Anteils der Bevölkerung.**

Einem Volk, das innerhalb von nur drei Generationen in zwei Weltkriegen auf der Verliererseite stand, einen Bürgerkrieg ertragen musste, eine Hyperinflation und mehr als einen spektakulären Börsencrash, mag man eine eher vorsichtige Vorgehensweise nachsehen. Das hilft vielleicht nachzuvollziehen, warum die Österreicher die fanatischsten Sparer der Welt sind und Milliarden auf Konten anhäufen, die erbärmliche Zinsen abwerfen.

Bis EU-Regeln anonymen Sparbüchern einen Riegel vorschoben, war das bei den Österreichern die beliebteste Form des Sparens, obwohl sie kaum Vorteile brachte. Trotz der Quellensteuer auf die Zinsen und des geringen Ertrags war das Sparbuch mit seiner Anonymität (es wurde kein Name verwendet, sondern nur ein Passwort) ein wichtiges Symbol für die imaginierte Schlauheit des durchschnittlichen Österreicher in Geschäftsdingen – und die Banken rieben sich die Hände.

Einwanderer

Österreichs südslawischen Nachbarn begegnet man hauptsächlich in Form von *Gastarbeitern* in Wien, wo sie zumeist im Bau- oder Dienstleistungsgewerbe beschäftigt sind. Fast 19 % der Einwohner Wiens (wo etwa ein Fünftel der Bewohner Österreichs lebt) sind Ausländer.

》Rund ein Fünftel der Einwohner Wiens sind Ausländer.

Den größten Anteil, fast die Hälfte, machen Menschen aus den Ländern des ehemaligen Jugoslawien aus. Überraschend mag sein, dass die Deutschen die zweitgrößte Gruppe von

Immigranten darstellen (viele Deutsche studieren in Österreich wegen der Zugangsbeschränkungen an deutschen Universitäten, besonders im Fach Medizin). Danach kommen die Türken und Polen und eine große Gruppe von Einwanderern aus den ehemaligen kommunistischen Staaten im Osten, die durch den Beitritt dieser Länder zur EU legalen Zugang zum österreichischen Arbeitsmarkt bekommen haben. Etliche dieser Zugereisten arbeiten schon seit Jahren in Österreich und zahlen Steuern; der Arbeitgeberverband gehört zu ihren stärksten Unterstützern.

Allerdings ist das latente Misstrauen gegenüber den Aktivitäten der „Ausländer", ob gerechtfertigt oder nicht, Wasser auf die Mühlen weit rechts stehender Politiker, die bei ihren Kampagnen von der Angst vor mafiösen Strukturen, Drogenhandel und Schattenwirtschaft profitieren. Der letzte Punkt ist

》》 Die meisten Österreicher befürworten die Schattenwirtschaft stillschweigend.

allerdings etwas, was die meisten Österreicher stillschweigend befürworten, zumindest wenn es bedeutet, dass man sein Fenster für die Hälfte der üblichen Kosten reparieren lassen kann.

An den Stammtischen kann man fremdenfeindliche Töne über die „Tschuschen" (ein abwertender Begriff für Menschen vom Balkan) hören, die mit ihren „Tschuschen-Koffern" (nämlich Plastiktüten) ein gängiges Bild am Südbahnhof bieten. Nichtsdestotrotz erkennen die Österreicher an, dass diese fleißigen Leute die unangenehmen Arbeiten verrichten, für die sie sich selbst zu schade sind.

Im 19. Jahrhundert stellten die Tschechen die meisten Ziegelmacher in Wien (genannt Ziegelbehm – Ziegelböhmen). Mit Blick auf deren Angewohnheiten prägten die Einheimischen Begriffe wie „tschechern" ((viel) Alkohol trinken) und „Tschecherl" (die Bezeichnung für einen schmierigen Löffel oder ein ebenso schmieriges Gasthaus). Allerdings haben die Tschechen die österreichische Küche um eine ihrer besten Beilagen bereichert – die Knödel. Man schickte den außerordentlich harmlosen Kaiser Ferdinand nach seiner erzwungenen Abdankung nach Prag, wo er die Gerüchte über seine vermeintliche Einfältigkeit Lügen strafte, indem er (angeblich) sagte: „Ich bin der Kaiser und ich will Knödel."

Obwohl es in Schulen mit einer hohen Zahl von Einwandererkindern Probleme gibt, funktioniert der alte wienerische Assimilationsmechanismus immer noch: etwa indem die Kinder durch das österreichische Bildungswesen zweisprachig werden und sich dann nahtlos in die Geschichte ihrer Vorfahren einreihen, deren

>> **Schon 1787 konnte keine Wiener Familie eine rein österreichische Herkunft über mehr als drei Generationen vorweisen.**

Namen das Wiener Telefonregister füllen. Schon im Jahr 1787 wurde festgestellt, dass keine Wiener Familie eine rein österreichische Herkunft über mehr als drei Generationen vorweisen konnte.

Der Kabarettist Hugo Wiener karikierte diesen Assimilierungsprozess mit einem Sketch, der im Büro einer Ausländerbehörde stattfindet, wo zwei Beamte einen Türken befragen, der seine Aufenthaltsgenehmigung verlängern lassen will. In gebrochenem Deutsch und mit pantomimischer Darstellung stellen sie ihre Fragen: „Du verheiratet? Du arbeiten? Wo du leben?" Der Türke hat offensichtlich Schwierigkeiten, die oft missverständliche Pantomime und die Fragen mit dem unvollständigen Satzbau zu verstehen. Nach einer Weile betritt ein weiterer Beamter das Büro und fragt, in Unkenntnis der Situation, den Türken in schneller Abfolge und in seinem österreichischen Dialekt die gleichen Fragen. Zum großen Erstaunen der anderen beiden Beamten beantwortet der Mann die Fragen genauso schnell und ausführlich in fehlerfreiem Deutsch. „Du meine Güte," ruft der eine Beamte, „und wir wollten es ihm leichter machen und haben ihm alles auf Türkisch erklärt!"

Religion

Wie in anderen katholischen Ländern führen auch in Österreich Frömmigkeit und Reichtum eine friedliche Koexistenz. Diese ist darauf ausgelegt, dem Image beider Seiten möglichst wenig zu schaden. Die Bürger werden durch eine Steuer an ihre Pflichten der Kirche gegen-

>> **Wie in anderen katholischen Ländern führen auch in Österreich Frömmigkeit und Reichtum ein friedliche Koexistenz.**

über erinnert. Diese wird nach dem Prinzip erhoben, dass man automatisch zahlt – es sei denn, man macht sich die Mühe, aus der Kirche auszutreten. Unter den Kirchenoberen brach Panik aus, als der Bund der Steuerzahler anfing, die Erwünschtheit und ethische Berechtigung dieses Systems in

Frage zu stellen. Bischöfe erklärten bei Fernsehauftritten, wie viel Gutes die Kirche im Bereich sozialer Vorsorge und beim Denkmalschutz leiste. Diese vollkommen berechtigten Einwände können aber nicht die Wurzel des Problems verdecken – nämlich die wachsende Unzufriedenheit mit einer Institution, die die Wünsche von einer halben Million Gläubigen nach mehr Mitspracherecht bei der Ernennung von Bischöfen, der Priesterweihe für Frauen, der Abschaffung des Zölibats und einem freieren Umgang mit Sexualität seitens der Kirche ignoriert.

>> **Jahrhundertelang haben die Gläubigen ihr gut gefülltes Reservoir an Gehorsam zwischen Kirche und weltlichen Herrschern aufgeteilt.**

Jahrhundertelang haben die Gläubigen ihr gut gefülltes Reservoir an Gehorsam zwischen Kirche und weltlichen Herrschern aufgeteilt. Wo ihnen ihr Gewissen gebot, sich gegen die von den Obrigkeiten verordnete Richtung aufzulehnen, fand ein Rückzug ins Innere statt – auf die Art konnten sie dem Gewissenskonflikt entkommen und sich in ihr glücklicheres Privatleben zurückziehen.

Allerdings weht ein frischer Wind über die „Insel der Seligen", wie Österreich einmal selbstgefällig genannt wurde. Die Strategie von Papst Johannes Paul II., die hohen Posten in der Kirchenhierarchie mit reaktionären Bischöfen zu besetzen, hat sich bitter gerächt. Ein Missbrauchsskandal mit kleinen Jungen, in den ausgerechnet der Erzbischof von Wien verwickelt war, brachte für viele liberale Katholiken das Fass zum Überlaufen. Als sich die Anklagen zu häufen begannen, folgte die Kirche zunächst dem uralten kirchlichen Prinzip, dass

„nicht sein kann, was nicht sein darf" und versteckte den betreffenden Herrn in einem Nonnenkloster in Deutschland.

Der Nachfolger des Erzbischofs bemühte sich erst einmal um Schadensbegrenzung, was aber nicht unbedingt von Erfolg gekrönt war. 87.000 Menschen traten 2010 in Österreich als Folge von Pädophilie-Skandalen aus der katholischen Kirche aus, was der gesamten Bevölkerungszahl von St. Pölten (der Hauptstadt von Niederösterreich) entspricht. Die Lage ist so dramatisch, dass die Diözese in Salzburg sogar einen Missionar angestellt hat, um die Schäfchen wieder anzulocken.

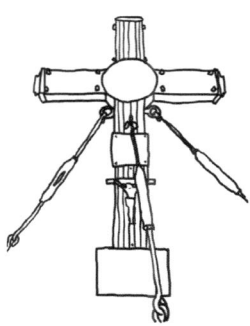

Verhalten

Die heimische Idylle

Für die Österreicher ist es das höchste Gut, sich ein gemütliches Heim zu schaffen, weshalb sie es mit Dingen anfüllen, deren Bandbreite von künstlerisch wertvoll bis haarsträubend kitschig reicht. Das Ganze ist häufig in eine unterweltliche Düsternis getaucht, die von den Besitzern als beruhigend und ehrwürdig empfunden wird, die es Gästen aber erschwert, den Gastgeber zu erspähen oder zu erkennen, was sie auf dem Teller haben. Während dieser Stil als typisch für die traditionelle Mittelklasse erachtet wird, tendieren die modernen Wohnungen ins andere Extrem: Sie verströmen eine betonte Fröhlichkeit, verstärkt durch Pastellfarben und Kiefernmöbel von IKEA.

>> **Für die Österreicher ist es das höchste Gut, sich ein gemütliches Heim zu schaffen.**

Die durchschnittliche österreichische Hausfrau ist dermaßen stolz auf ihren Haushalt, dass es schon an Besessenheit grenzt. Gäste bekommen direkt an der Haustür Hausschuhe, um zu vermeiden, dass sie die Teppiche beschmutzen, die regelmäßig kurz und klein gesaugt werden. Staub fällt nur durch seine Abwesenheit auf und die Badezimmer und Toiletten glänzen wie in einer Werbung für Putzmittel. Kindern wird ein gewisses Maß an Unordnung in ihren Zimmern zugestanden, aber sonst herrscht überall tadellose Ordnung: Töpfe, Pfannen, Gläser, Werkzeuge, Bücher usw. scheinen vor allem die Funktion zu haben, an dem für sie vorgesehenen Platz zu sein, was manchmal ihre zweite Funktion behindert, nämlich tatsächlich heruntergenommen und benutzt zu werden.

Idealerweise stellt man die perfekte Balance zwischen „Ordnung" und „Gemütlichkeit" her. In so einer Welt lässt keiner Asche auf den Teppich fallen und das Klopapier geht einem nie aus. Herr und Frau Austria sitzen glücklich in ihrem blitzblanken Nest, lieben einander und ziehen ihre Kinder, in der ihnen nach dem Putzen und Polieren verbliebenen Zeit, gemeinsam auf.

>> **Idealerweise stellt man die perfekte Balance zwischen „Ordnung" und „Gemütlichkeit" her.**

Kinder

Wie zu fast allem anderen haben die Österreicher auch zu Kindern eine zwiespältige Einstellung. Wenn man den Worten des österreichischen Psychologen Erwin Ringel Glauben schenken darf, haben die meisten Kinder einen dauerhaften Schaden durch die autoritäre Erziehung, die sexuelle Prüderie und durch weitere Fehler ihrer Eltern davongetragen. Aber jeder, der mal eine österreichische Familie und ihren anspruchsvollen Nachwuchs kennengelernt hat, kann das kaum nachvollziehen. Die autoritäre Haltung ist durch Liberalität ersetzt worden. Tatsächlich geben die österreichischen Eltern jährlich pro Kopf mehr Geld für Spielzeug für ihre Kinder aus als jede andere europäische Nation. Und da bis jetzt noch niemand behauptet hat, dass diese Spielzeuge hauptsächlich dem Vergnügen Erwachsener dienen, muss man wohl annehmen, dass in diesem Fall tatsächlich die Kinder die Nutznießer sind.

Die Alten

Ältere Leute mögen zwar rüpelhafte Kinder in Bussen oder Straßenbahnen mit bösen Blicken belegen, aber andererseits können sie Babys mit einer unkritischen Bewunderung überschütten, wie sie sonst nur Heiligen vorbehalten ist (aber vielleicht zeigt das auch nur, dass die ältere Generation die Unmündigen gegenüber den Mündigen bevorzugt). Ob sich nun die Spielzeugschwemme am Ende auszahlt oder ob es an tief verwurzelten sozialen Normen liegt: Jedenfalls neigen die Österreicher dazu, ihre Alten selbst zu betreuen und schieben sie weniger in Heime ab als anderswo.

》 Österreichische Männer widersprechen ihren Müttern nicht offen.

Allerdings kann es zu Spannungen führen, wenn man jemanden im Haus hat, der sich als „Besserwisser" in alle Belange der Kindererziehung einmischt und zu allem ungefragt seine Meinung äußert. Da die österreichischen Männer ihren Müttern nicht offen widersprechen, bleibt es deren Frauen überlassen, die entstehenden Machtkämpfe auszutragen. Gesellschaftliche Tabus verhindern, dass die angestaute Wut zu Hause herausgelassen wird, doch im öffentlichen Leben genießen Leute, die ihren rechtzeitigen Abgang verpasst haben, keine solche Immunität und werden mit Schimpfwörtern wie „alter Trottel" oder dem bildhaften „Grufti" belegt.

Tiere

Wenn man keine Großmutter zu Hause hat, darf es stattdessen ruhig auch ein Hund oder eine Katze sein. In Wien ist die Zahl der Hunde derartig angewachsen, dass die Fäkalien, die sie auf den Straßen abladen, sich auf täglich bis zu 10 Tonnen summieren. Um dieses Problem in den Griff zu kriegen, hatte man eine Firma aus Paris eingeladen, damit deren orange-

>> **Ein besonderer Platz im Herzen der Österreicher ist für Pferde reserviert.**

farben gekleidetes, motorisiertes Spezialeinsatzkommando von Scheißesammlern vorführt, wie es geht. Der Bürgermeister höchstpersönlich begleitete die Truppe, während sie durch die Straßen brausten und die Hundehaufen aufsaugten. Allerdings wurde schnell klar, dass die Wiener Bürger nicht dazu bereit waren, sich von solch rambomäßigen Hundedrecksammlern terrorisieren zu lassen. An einer wirklich demokratischen Lösung für den Hundekot arbeitet man noch, aber die gewissenhaften Wiener sammeln inzwischen die Hinterlassenschaften ihrer Hunde fleißig in kleinen Plastik- oder Papiertüten auf.

Ein besonderer Platz im Herzen der Österreicher ist für Pferde reserviert. Nicht, dass es sich viele Leute leisten könnten, ein Pferd zu halten, aber es wird diesen traditionell zugeschrieben, ihren Besitzern besondere Würde zu verleihen, speziell den Herrschern und Generälen. Österreichs berühmteste Pferde sind natürlich die Lipizzaner, die in der Spanischen Reitschule der Wiener Hofburg eine ballettartige Dressur vorführen. Diese wunderschönen weißen Tiere werden wie österreichische Staatsbedienstete gehätschelt, mit ausgedehnten Ferien und einem großzügig verrenteten Lebensabend.

Konkurrenz in ihrer Rolle als größter Touristenmagnet des Landes und damit als Einnahmequelle bekommen sie nur durch die Wiener Philharmoniker und den Chor der Wiener Sängerknaben. Die Lipizzaner haben offenbar den Traum des gemeinen Mannes von gesellschaftlicher Anerkennung mit einem sicheren Job kombiniert. Kein Wunder, dass sich ein Bürgermeister von Wien damit brüstete, dass jeder junge Österreicher gerne ein Mitglied der Wiener Sängerknaben wäre und jeder Erwachsene einer der Lipizzaner-Hengste.

Schlange stehen

An der Fähigkeit oder Unfähigkeit, Schlange zu stehen, zeigt sich der Unterschied zwischen der „europäischen" Mentalität und der des „Balkans". Dass die

》》 Die Österreicher haben die Kunst des Schlangestehens zwar fast, aber nicht ganz gemeistert.

Österreicher die Kunst des Schlangestehens zwar fast, aber nicht ganz gemeistert haben, kann man vielleicht darauf zurückführen, dass sie den Balkan direkt vor der Tür haben.

Der durchschnittliche Österreicher stellt sich brav an und zeigt damit seine europäische Seite – aber er neigt dazu, sich vorwärts zu schieben, bis er auf gleicher Ebene mit der Person vor ihm steht. Er scheint sich die ganze Zeit vordrängeln zu wollen, tut es letztendlich aber doch nie. Außer dass es die Person vor ihm in eine gewisse nervöse Unruhe versetzt, ist das ein recht harmloses Manöver, solange man sich nicht in einer Bank befindet. Dort hat man es für nötig befunden, den Abstand zum Kassierer mit zwei gelben Fußabdrücken im Kassenraum zu markieren und mit einem Schild auf das Recht auf Vertraulichkeit hin-zuweisen, damit alle genügend Abstand halten, bis sie an der Reihe sind. Da alle Österreicher

>> **Alle Österreicher sind nahezu obsessiv darauf bedacht, ihre Privatsphäre zu schützen.**

nahezu obsessiv darauf bedacht sind, ihre Privatsphäre zu schützen, ist dies eine Botschaft, die selbst zwanghafte Dräng-ler akzeptieren.

Autofahren

Die ungezügelte Aggressivität des durchschnittlichen öster-reichischen Autofahrers mag zum Teil von den ungünstigen Verkehrsbedingungen herrühren, zum Teil scheint sie aber auch Veranlagung zu sein. Wenn man sich an die Geschwin-digkeitsbegrenzung hält, hat man bald einen wütenden rot-gesichtigen Ork im Opel an der hinteren Stoßstange kleben, der die Lichthupe betätigt. Wenn man blinkt, um die Spur zu wechseln, kommt höchstwahrscheinlich ein Irrer im Merce-des von hinten und beschleunigt extra, um einem den Weg zu versperren.

Die wichtigste Taktik der landeseigenen Verkehrsrowdys besteht darin, anderen die Vorfahrt zu nehmen, zu drängeln oder sie zu behindern – und ihren Opfern dann in Form von Anhupen sobald die Ampel grün wird und Betätigen der

Lichthupe bei jeder Gelegenheit vorzuwerfen, die Verkehrsregeln nicht zu beachten.

Der österreichische Mann verwandelt sich von einer Maus in ein Monster, sobald er sich hinter das Steuer setzt. Vom unerschütterlichen Geschäftsmann über den sanftmütigen Bürger bis zum unterwürfigen Kellner wird jeder zum Höhlenmenschen auf Rädern. Auf den Straßen hat der Österreicher – seiner Ansicht nach – ein Anrecht darauf, Dampf abzulassen. Er will der Welt beweisen, dass tief in seinem Inneren, egal wie viele Erniedrigungen er am Arbeitsplatz einstecken muss oder wie viel er zu Hause herumgeschubst wird, ein kleiner Arnold Schwarzenegger schlummert.

>> **Der österreichische Mann verwandelt sich von einer Maus in ein Monster, sobald er sich hinter das Steuer setzt.**

Manieren

Begrüßung und Anrede

Die Österreicher sind in Bezug auf formvollendete Manieren penibel. Händeschütteln ist ein allgemeiner Zeitvertreib und Nachzügler bei Geschäftstreffen oder anderen offiziellen Versammlungen halten die Tagesordnung auf, bis jede verfügbare Hand geschüttelt ist. Und wehe dem, der es versäumt, beim Betreten eines Ladens oder beim Kauf einer Briefmarke zu grüßen.

Der übliche Gruß in Österreich ist das süddeutsche „Grüß Gott"; allerdings bevorzugen die politisch eher sozialistisch Orientierten, die darauf achten, Gott aus ihren Angelegenheiten herauszuhalten, ein „Guten Tag". Es gibt schmeichelhafte Anreden, die entweder ironisch angewandt werden oder vollkommen ernst als Ausdruck der Höflichkeit.

>> **Wehe dem, der es versäumt, beim Betreten eines Ladens oder beim Kauf einer Briefmarke zu grüßen.**

Dabei steht eine große Bandbreite von Begriffen zur Verfügung, um das Maß der Ehrerbietung auszudrücken. Das reicht von „meine Hochachtung" bzw. „Hochachtungsvoll" bis zu „Ergebenst". Ab und zu bekommt man eventuell noch einen Brief, der Grüße an die „werte Gattin" mit einschließt oder mit einem blumigen „Untertänigst [Ihr ergebener] …" endet. Diese Grußformeln haben ihren Ursprung in den Etikettebüchern des 19. Jahrhunderts, die die Feinheiten der gesellschaftlichen Hackordnung innerhalb von Österreich-Ungarn widerspiegeln.

Zunehmend veraltet, aber gelegentlich noch zu beobachten, ist die galante Begrüßung einer Frau mit einem „Küss die Hand" – es kommt jedoch nicht immer gut an, wenn man den Worten auch Taten folgen lässt. Als angemessen erachtet

>> **Gelegentlich noch zu beobachten ist die galante Begrüßung einer Frau mit einem „Küss die Hand".**

wird eine Andeutung des Handkusses, bei der man sich über die Hand beugt und den Kopf ein paar Zentimeter über der Hand seitwärts wieder wegbewegt. Damit entgeht man der Demütigung, dass die Hand kurz vor dem Auftreffen der Lippen abrupt weggezogen wird.

Andere altmodische Formen der Anrede sind eher in den Bereich der Ironie verbannt worden, aufgrund deren gnadenloser Nutzung durch Kabarettisten und der Flut von übertriebenen Ausdrücken der Ehrerbietung, die die Wiener Kellner der Kundschaft gegenüber aufbieten, wie „Gnädiger Herr", „Habedieehre" oder „G'schamster Diener" (Gehorsamster Diener). Die Anrede „Gnädige Frau" kann, je nach Zusammenhang, sowohl ironisch als auch ernst gemeint sein.

Junge Leute, Freunde oder gute Bekannte verzichten auf solche förmlichen Begrüßungen und Verabschiedungen und begnügen sich mit einem „Servus", „Grüß dich" oder (in Wien) „Papa". Die Informalität der Anrede sollte aber nicht zu dem Glauben verleiten, dass die Begrüßung weniger wichtig wäre. Nicht zu grüßen wird als persönliche Beleidigung aufgefasst und es gibt kaum eine größere Taktlosigkeit für einen Österreicher. In einem feindseligen Nachruf auf den Erzherzog Franz Ferdinand nach seiner Ermordung 1914 war die vernichtendste Anschuldigung, die dem Mann, der der indirekte Auslöser für den Ersten Weltkrieg war, zur Last gelegt wurde: „Er war kein Grüßer."

Etikette

Der Auftakt zu einem österreichischen Dinner besteht häufig aus einem Glas Obstschnaps, das in einem Zug geleert wird. Da es auf leeren Magen getrunken wird, hat das ungefähr den gleichen Effekt, als würde man Öl in den brennenden Kamin schütten. Das wird als effektives Mittel angesehen, die Abendunterhaltung in Schwung zu bringen. Die Österreicher sind diese Vorbereitung gewohnt und zeigen, außer einem leichten Glanz in den Augen, keinerlei Reaktion darauf.

»Der Auftakt zu einem österreichischen Dinner besteht häufig aus einem Glas Obstschnaps, das in einem Zug geleert wird.

Ein weiterer wichtiger Punkt bei der Trink-Etikette folgt, sobald man sich zu Tisch setzt. Niemand darf etwas trinken, bis der Gastgeber sein Glas erhebt und der Gesellschaft mit einem „Prost, zum Wohl" das Signal dazu gibt. Sich auf den Wein zu stürzen, ohne dieses Ritual abzuwarten, löst verwunderte Blicke aus, selbst wenn es der Gastgeber im Zuge seiner anderen Pflichten versäumt haben sollte, den Startschuss zu geben. Ein versehentlicher Schluck kann schon mal den leisen Kommentar ernten: „Trinken wir heute auf englische Art?", was wenigstens den Gastgeber an seine Pflichten erinnert, aber nichts dafür tut, die Ehre des Missetäters wieder herzustellen.

In ähnlicher Weise wird mit einem „Guten Appetit" oder „Mahlzeit" grünes Licht zum Essen gegeben. Danach ist jeder, besonders Gäste aus dem Ausland, auf sich selbst gestellt, denn die Österreicher sind es gewohnt, große Mengen an schwerem, fettigem Essen mit erstaunlicher Geschwindigkeit zu vertilgen und bewältigen diese Belastungsprobe sogar noch mit einer gewissen Eleganz.

Auch abgesehen vom Essen und Trinken in Gesellschaft sind die österreicherischen Manieren diszipliniert und ordentlich. Bei der älteren Generation wird immer noch Wert auf Förmlichkeit gelegt. Der Übergang vom „Sie" zum „Du" als Anerkennung einer engeren Beziehung darf nur vom Älteren der Beteiligten angeboten werden. (Wenn dieser magische Augenblick kommt, wird er sein Glas erheben und seinen Vornamen nennen, was man entsprechend erwidert. Danach kann man ruhig auch die Details der eigenen Steuervermeidungspraktiken ausplaudern.)

>> **Die österreicherischen Manieren sind diszipliniert und ordentlich.**

Frauen neigen eher dazu, zu verkünden, dass man sich nun duze, und die jüngere Generation verkürzt diesen Prozess des Übergangs zum „Du" auf wenige Treffen oder sogar wenige Stunden. Die Jugendkultur hat auch den kommerziellen Gebrauch des „Du" eingeführt, sodass Internetanbieter und jeder, der ein zeitgenössisches Produkt wie ein Mobiltelefon verkaufen will, ebenfalls „Du" benutzt. An Orten wie einer Universitätsmensa gehören die Menschen automatisch zu einer fast schon verschworenen Gemeinschaft und man verzichtet meistens komplett auf das „Sie". Auf der anderen Seite gibt es Kollegen, die ihr Leben lang Seite an Seite gearbeitet haben und trotzdem demonstrativ beim „Sie" bleiben, besonders, wenn sie sich nicht leiden können.

Sinn für Humor

Das Leitmotiv des österreichischen Humors ist eine Art retrospektiver Pessimismus, also die innig gehegte Überzeugung, dass alles ein übles Ende nimmt, selbst wenn es ein gutes Ende nimmt. Das ist die verfeinerte österreichische Version des italienischen Mottos: „Uns ging es besser, als es uns schlechter ging."

》Beim österreichischen Humor geht es um Schadensbegrenzung oder stilvolle Resignation.

Die Geschichte Österreichs bildet den Nährboden für einen Humor, bei dem es um Schadensbegrenzung oder stilvolle Resignation geht; ein Humor, der den Balsam der Selbstironie auf die Wunden der kleinen und großen Niederlagen streicht. Ein österreichischer General beschrieb diese Haltung im Angesicht einer weiteren katastrophalen militärischen Niederlage treffend mit einem lässigen: „Die Lage ist hoffnungslos, aber nicht ernst."

Die Österreicher bevorzugen geistreiche Ironie gegenüber schlichten Wortspielen. Geistreich sind auch die wunderbar anschaulichen, ausgedachten Namen. Der Komiker und Bühnenautor Johann Nestroy zum Beispiel, dessen Stücke mit Figuren bevölkert sind wie dem Lumpazivagabundus (also einer Mischung aus Lump und Vagabund) beherrschte dies meisterlich.

Insbesondere der wienerische Dialekt hat eine große Vielfalt an bildhaften Ausdrücken geprägt, wie etwa „Grabennymphe", ein Wort für Prostituierte aus der Zeit, als diese sich noch auf dem Graben, heute eine der angesagtesten Einkaufsstraßen Wiens, tummelten. (Es

>> **Insbesondere der wienerische Dialekt hat eine große Vielfalt an bildhaften Ausdrücken geprägt.**

heißt, dass sich einst der Graf Taaffe, zu seiner Amtszeit als Premierminister, bei einem Verdauungsspaziergang über den Graben über die Abwesenheit der Nymphen wunderte. Sein Begleiter, ein höherer Beamter, erklärte ihm, dass man sie in weniger belebte Bezirke hatte vertreiben müssen, weil es durch ihre übergroße Anzahl nicht mehr möglich gewesen sei, ehrbare Frauen von den Prostituierten zu unterscheiden. „Vielleicht können Sie und die Polizei das nicht, aber wir anderen können das sehr wohl", antwortete der Premierminister trocken.)

Der österreichische Humor hat sich zum Teil aus dem listigen Surrealismus der Tschechen, zum Teil aus dem Galgenhumor und professionellen Pessimismus der Ungarn und zum Teil aus der italienischen Tradition der Clownerie und der Imitation herauskristallisiert. Jüdische Autoren und Kabarettisten haben mit ihren bissigen Betrachtungen – einer üblichen Strategie der *underdogs,* Aggressionen abzuleiten – ebenfalls Spuren hinterlassen.

Kluger Witz als Mittel der Verteidigung zieht sich wie ein roter Faden durch die verzagte Sicht der Österreicher auf die Welt und ihre eigene geschwundene Bedeutung darin. Ironie ist eine gute Methode, die Mächtigen in ihre Schranken zu weisen, durchdringt aber auch die Sicht eines jeden Durchschnittsösterreichers auf sich selbst und seine Weltanschauung.

„Der Österreicher neigt zur Nabelschau", sagte ein zeitgenössischer Politiker, „und damit meine ich, dass er die ganze Welt in sich selbst sieht."

Die Beschreibung der Österreicher als in sich gekehrte Statisten auf der Weltbühne ist ein Grundelement in ihrer humoristischen Selbstwahrnehmung. Das zeigt sich sowohl in Nestroys berühmter Behauptung: „Glück und Verstand gehen selten Hand in Hand", wie auch in einem Graffito in einer Wiener Straßenbahn: „Das Wissen verfolgt mich, aber ich bin schneller!"

Trotzdem hat die österreichische Neigung zur Selbstherabsetzung eine bittere Seite und wenn ein Fremder den Verdacht hegt, dass all diese Persiflage dazu dient eine dunklere Wahrheit zu kaschieren, stellt er fest, dass die Österreicher bei dieser Erkenntnis schon lange

»„Ich glaube von jedem Menschen das Schlechteste, selbst von mir, und ich hab' mich noch selten getäuscht."

angekommen sind. „Ich glaube von jedem Menschen das Schlechteste, selbst von mir", sagt Nestroy, „und ich hab' mich noch selten getäuscht."

Obsessionen

Abgesehen von der vergleichsweise neuen Leidenschaft für Autos (man darf nicht vergessen, dass Ferdinand Porsche und Niki Lauda zu Österreichs illustren Sprösslingen zählen) haben die Österreicher zwei ausgeprägte Obsessionen: Das Sammeln und den Tod.

Sammeln

Die Sammelleidenschaft kann man bis auf die Habsburger zurückverfolgen, die Territorien, Titel und Schätze sammelten wie andere Leute Briefmarken. Heutzutage können es sich nur wenige Österreicher leisten, so ausgiebig zu sammeln. Aber ein Sammler, der Augenarzt Rudolf Leopold, trug eine solche

>> **Die Sammelleidenschaft kann man bis auf die Habsburger zurückverfolgen, die Territorien, Titel und Schätze sammelten wie andere Leute Briefmarken.**

Menge an unbezahlbaren Werken von Klimt, Schiele und anderen bedeutenden österreichischen Künstlern zusammen, dass dafür ein ganzes Gebäude eines neuen Museumskomplexes reserviert wurde und er zum Direktor des Museums auf Lebenszeit ernannt wurde. (Es gibt das Gerücht, dass seine Familie ihn anflehte, eines der Gemälde bei Sotheby´s in London versteigern zu lassen, um dringende Geldprobleme zu lösen. Schließlich ließ er sich überreden, fuhr nach London und verkaufte das Bild. Mit dem Erlös kaufte er ein anderes Bild.)

Glücklicherweise gibt es für die gewöhnlichen Österreicher genügend bezahlbaren Ersatz, auf den sie ihre Sammelleidenschaft lenken können. Die heimischen Küchenwände sind mit folkloristischer Keramik aus den Nachbarländern gepflastert und die Wohnzimmer sind angefüllt mit eifrig gesammelten Reisesouvenirs – ein Gondoliere auf einem Glasboot, drei Kuhglocken unterschiedlicher Größe und ein Esel mit Wackelkopf. Manchmal werden ganze Zimmer in Ausstellungsräume verwandelt, wie bei dem Mann, dessen Regale vom Fußboden bis zur Decke mit 500 Kaffeekannen gefüllt waren und der jeden Samstag zum Flohmarkt ging, auf der Jagd nach weiteren ähnlichen Schnäppchen.

》》 Die heimischen Küchenwände sind mit folkloristischer Keramik aus den Nachbarländern gepflastert.

Den Gipfel der österreichischen Sammelwut verkörpert ein Museum, das sich nutzlosen Erfindungen widmet, betrieben vom „Verein zur Verwertung von Gedankenüberschüssen." Die Ausstellungsräume nennen sich Nonseum und obwohl sich die Komik ein wenig abnutzt, nachdem man einen weiteren alternativen Rasenmäher, einige Diätgeschirrteile, beheizbare Gartenzwerge und mobile Zebrastreifen betrachtet hat, spiegelt die der Ausstellung zugrundeliegende Zuneigung für die Vergeblichkeit allen menschlichen Strebens doch eine in Österreich weit verbreitete Haltung wider.

Selbst ein Asket wie Sigmund Freud sammelte auf seinen Reisen nach Italien und Griechenland „Antiquitäten" und nahm sie sogar mit, als er von Wien nach London fliehen musste. Für eine Ausstellung dieses Trödels wurden alle Dinge katalogisiert und mit einer sorgfältigen Interpretation über den Zusammenhang zwischen den jeweiligen Stücken und Freuds Theorien versehen.

Die österreichische Vorliebe für kleine, reizvolle und nutzlose Dinge hat ihnen zu einem scharfen Gespür dafür verholfen, welche Teile ihres historischen Erbes sich am besten vermarkten lassen. Die Souvenirindustrie bietet ausländischen Touristen eine breite Palette von unverhohlenem Kitsch, darunter Figürchen von Kaiser Franz Josef (also Kaiser-Kitsch), kugelförmige Schokolade zum Gedenken an Mozart sowie Klimt- oder Schiele-T-Shirts. So macht die Disneyland-Version von Österreich die Österreicher reich und Ausländer glücklich.

> **» Die Disneyland-Version von Österreich macht die Österreicher reich und Ausländer glücklich.**

Der Tod

Der Tod fasziniert die Österreicher. Ein Grund dafür liegt im Umgang des Adels damit: Vor allem die Trauerfeiern beim Ableben eines Kaisers ließen den Tod geradezu als etwas Wünschenswertes erscheinen. Das Spektakel einer Beerdigung – die Österreicher haben dafür den Begriff „eine schöne Leich" – spielt eine wichtige Rolle in ihrer Kultur. Das rührt daher, dass die Österreicher den Tod als Teil des Lebens begreifen und nicht nur als Beendigung desselben. Hermann Bahr schrieb: „Wer das Leben eines Wieners verstehen will, muss wissen wie er beerdigt wurde: Denn seine Existenz ist untrennbar mit seinem Tode verknüpft, worüber er beständig bittersüße Lieder singt."

Man sagt, das letzte Hemd habe keine Taschen, aber die Österreicher können zumindest ihre unzähligen Ehrentitel mitnehmen. Auf den Inschriften der Grabsteine kann man zahlreiche Doktortitel und Meistertitel für Handwerker (Meisterbäcker, Meisterklempner, Meisterschornsteinfeger) lesen, ganz

> **Man sagt, das letzte Hemd habe keine Taschen, aber die Österreicher können zumindest ihre unzähligen Ehrentitel mitnehmen.**

zu schweigen von all den Hofräten. All dies dient möglicherweise dazu, die Lebenden daran zu erinnern, wie Petrus diese angesehenen Verstorbenen anzureden hat, wenn sie an der Himmelspforte ankommen.

Die mit dem Tod verbundenen Rituale reichen vom Pittoresken bis zum Makabren. Zur ersten Kategorie gehört der Brauch, dass einem verstorbenen Schauspieler am Wiener Burgtheater von den Kollegen das letzte Geleit gegeben wird, indem sie ihn bei einer Ehrenrunde um das Theater begleiten, bevor es zum Friedhof geht. Zu der makabren Kategorie kann man die schauerlichen Bräuche der Totenverehrung der Habsburger zählen. Über Jahrhunderte hinweg zerstückelten sie ihre verstorbenen Herrscher und verteilten die Teile in der Hauptstadt: Die Herzen hier, die Gedärme dort und der Rest in die Kapuzinergruft.

Wiener Attraktionen mit Verbindung zum Tod umfassen das Bestattungsmuseum (dessen Hauptattraktion ein Sarg mit einer innen installierten Glocke ist, um sich für den Fall, dass man lebendig begraben wurde, bemerkbar machen zu können) und den riesigen Zentralfriedhof.

Das Projekt des Zentralfriedhofes wurde erstmals im 19. Jahrhundert von der Stadtverwaltung angegangen, weil die vorhandenen Friedhöfe aus allen Nähten platzten. Die Sorgfalt, die die Österreicher bei allem, was mit dem Tod in Zusammenhang steht, an den Tag legen, wird durch die folgenden Überlegungen deutlich: Da der Friedhof in einiger Entfernung vom Stadtzentrum liegen würde und es mit der Konservierung der Leichen der Armen nicht zum Besten stand, schlug ein gewisser Franz Felbinger einen Mechanismus zur pneumatischen Leichenbeförderung vor (zum Friedhof, nicht in den Himmel). Die Toten sollten von der Leichenhalle im Zentrum Wiens in eine unterirdisch verlaufende Röhre herabgelassen werden und – schwupps – effizient und zur allgemeinen Zufriedenheit innerhalb von Minuten per Luftdruck zum Friedhof befördert werden. Leider kam dieses System wegen technischer Probleme nie zum Einsatz (man befürchtete, dass die Leichen auf halbem Wege stecken bleiben und verwesen würden, bevor man sie aus der Röhre befreien könnte).

》Der Zentralfriedhof hat sich besonders zu Allerheiligen zu einem Wallfahrtsort entwickelt.

Der Zentralfriedhof hat sich besonders zu Allerheiligen zu einem Wallfahrtsort entwickelt, wenn sich halb Wien durch den Novembernebel auf den Weg macht, um einen Kranz auf das Familiengrab oder das Ehrengrab eines Lieblingsschauspielers oder einer hochgestellten Persönlichkeit zu legen. Der Friedhof ist so riesig, dass die Friedhofsverwaltung die Senioren mit einem Kleinbus durch die stillen Alleen fährt und einen Scharfschützen dafür bezahlt, im Morgengrauen die Hasen zu schießen, die die üppigen Kränze frühstücken.

Selbstmord

Eine bemerkenswerte Anzahl von österreichischen Intellektuellen entschließt sich dazu, den Willen des Allmächtigen vorwegzunehmen. Einige dieser Selbstmorde erscheinen ausgesprochen rational, als Reaktion auf eine langwierige tödliche Erkrankung (so wie die der Schriftsteller Adalbert Stifter, Ferdinand von Saar und Ludwig Hevesi), andere waren offenbar das Ergebnis von Irrtümern – wie im Falle des Bühnenautors Ferdinand Raimund, der fälschlicherweise annahm, dass er sich nach einem Hundebiss die Tollwut zugezogen hätte. Zu einer ganz anderen Kategorie gehört der Fall des Philosophen und selbsternannten Genies Otto Weininger, der Selbstmord in Beethovens Geburtshaus beging, um Aufsehen zu erregen, wohingegen der Physiker Ludwig Boltzmann, ein echtes Genie, seinem Leben wegen Depressionen und Überarbeitung ein Ende setzte.

Professor Ringels scharfe Kritik an den österreichischen Eltern wird durch die lange Liste der Selbstmorde von Spröss-

>> **Eine bemerkenswerte Anzahl von österreichischen Intellektuellen entschließt sich dazu, den Willen des Allmächtigen vorwegzunehmen.**

lingen oder Geschwistern von Berühmtheiten untermauert. Diese Liste schließt zwei Brüder des österreichischen Philosophen Ludwig Wittgenstein ein, die Söhne des Physikers Ernst Mach und die des Schriftstellers Hugo von Hoffmannsthal, die Tochter von Arthur Schnitzler und den Bruder von Gustav Mahler. Dann gab es da noch den Architekten Eduard van der Nüll, der in tödliche Verzweiflung versank, nachdem der Kaiser eine abfällige Bemerkung über sein Opernhaus gemacht hatte.

Ein weiterer Künstler, Alfred Kubin, versuchte sich das Leben zu nehmen, ebenso wie die Komponisten Alban Berg und Hugo Wolf. Um in dieser Hinsicht nicht abgehängt zu werden, beging das Herrscherhaus, vertreten durch Kronprinz Rudolf, den spektakulärsten Selbstmord. Auf Schloss Mayerling erschoss er erst seine Geliebte, Marie Vetsera, und dann sich selbst. Rudolf, der einen Schädel als *memento mori* auf seinem Schreibtisch stehen hatte, war nur ein weiterer Vertreter einer ganzen Reihe von Österreichern, der eine Abkürzung zum Weg ins Jenseits wählte (dass er bei der Gelegenheit seine Geliebte erschoss, ging allerdings zu weit).

>> **Der Architekt Eduard van der Nüll versank in tödliche Verzweiflung, nachdem der Kaiser eine abfällige Bemerkung über sein Opernhaus gemacht hatte.**

Im 19. Jahrhundert kam es derart häufig vor, dass Leute von Brücken in die Donau sprangen, dass Wien einer der wenigen Orte mit einem Friedhof ist, der hauptsächlich Selbstmördern gewidmet ist (der Friedhof der Namenlosen). Er befindet sich stromabwärts bei Albern, an jenem Ort, an dem die Leichen in der Regel ans Ufer gespült wurden.

Für den Österreicher hat das Totsein den Vorteil, dass ihm mit dem Verlassen der Bühne des Lebens häufig der Applaus und die Anerkennung zuteilwerden, die ihm zu Lebzeiten vorenthalten wurden. Der Tod ist die Voraussetzung für Unsterblichkeit, so heißt es jedenfalls, wofür Mozart als trauriges Beispiel dienen muss. Mahler prägte den treffenden Aphorismus dazu: „Muss man denn in Österreich erst tot sein, damit sie einen leben lassen?"

Freizeit & Vergnügen

Schrebergärten

Die heutigen österreichischen Schrebergärten haben sich von ihrem ursprünglichen Zweck als Spielwiese für die Kleinen weit entfernt. Nach dem Ersten Weltkrieg wurden die Österreicher in Zeiten der Lebensmittelknappheit dazu ermutigt, ihr eigenes Gemüse anzupflanzen. Später entwickelten sich die Gärten zur Sommerfrische für Bürger aus düsteren Wohnsiedlungen und mit bescheidenem Einkommen (allerdings, typisch österreichisch, nicht nur durch Hecken, sondern auch durch unzählige Regeln und Vorschriften begrenzt).

>> **Schrebergärten verkörpern den Gipfel der Gemütlichkeit.**

Heutzutage verkörpern Schrebergärten den Gipfel der Gemütlichkeit mit ihrer Überfülle an liebevoll gehegten Obstbäumen und Blumen, ihren handtuchgroßen Rasenflächen und den Gartenlauben. Die jüngere Generation hat jetzt mehr Geld und Freizeit zur Verfügung als frühere Generationen in ihrem Alter hatten und bevorzugt Trendsportarten, während die Schrebergärten eher von den mittleren und älteren Jahrgängen genutzt werden. Viele der Parzellen weisen übrigens ein komplettes Sortiment an Gartenzwergen auf, die sich bei den entsprechenden Lichtverhältnissen kaum von ihren Besitzern unterscheiden lassen.

54

Wandern

Das Wandern in den Alpen und durch die österreichischen Wälder diente den österreichischen Arbeitern und der Mittelklasse schon lange als Erholung und Ausgleich. Die Freuden des Landlebens waren für Arbeiter und Bürgerliche durch

>> **Das Wandern wird häufig mit großer Ernsthaftigkeit und Würde betrieben.**

die Regeln eines unterschwelligen Kulturkampfes klar eingegrenzt. Je nach Klassenzugehörigkeit war vorherbestimmt, wie man seine Freizeit genießen durfte.

Das Wandern wird häufig mit einer Ernsthaftigkeit und Würde betrieben, die das Lied „Der fröhliche Wanderer" von F. W. und E. Möller aus dem Jahr 1954 in Erinnerung rufen, etwa die unsterblichen Zeilen:

D'rum trag ich Ränzlein und den Stab
Weit in die Welt hinein,
Und werde bis an's kühle Grab
Ein Wanderbursche sein!

gefolgt von dem verhalten ekstatischen „Faleri, falera, faleri, Falera ha ha ha ha ha ha!"

Wenn es nach den Wienern geht, ist es das höchste der Gefühle, durch den düsteren Wienerwald zu streifen, was sich hervorragend mit dem rituellen Pilzesammeln kombinieren lässt. Am späten Nachmittag kommt dann mit einer *Jause* der Höhepunkt des Tages, was für Ausländer untertrieben als „Snack" übersetzt wird, sich aber als üppiges Mahl mit geräucherter Wurst, Käse, Brot, Gurken usw. entpuppt.

Die Uniform für diese Art von Aktivitäten war früher das, was als die klassische österreichische Variante von Outdoorkleidung bekannt geworden ist: Lederhosen und ein dunkler Filzhut mit einem „Rasierpinsel" im Hutband. Aber man musste kein Bergwanderer sein, um diese Tracht tragen zu dürfen. Bis vor Kurzem war es durchaus möglich, Herren in voller alpiner Kluft entschlossenen Schrittes durch einen Wiener Vorort eilen zu sehen – nicht etwa auf dem Weg in die Berge, sondern in den Schrebergarten, um einen Nachmittag voll reiner Landluft zu genießen.

Zuschauersport

Die beliebtesten Publikumssportarten sind natürlich diejenigen, in denen sich die Österreicher selbst hervortun, wie Winter- und Motorsport. Ersteres ist erwartbar, Letzteres etwas rätselhaft. Zwar war es ein Österreicher, der im 19. Jahrhundert einen der ersten Verbrennungsmotoren entwickelte und dafür, wie üblich bei österreichischen Erfindern, wenig Anerkennung und noch weniger Dank erntete. Niki Lauda jedoch ist ein Phänomen, das eine ganze Generation von Formel-1-Anwärtern inspiriert hat.

>> **Österreichs Wintersportler, besonders die Skiläufer, sind eine Klasse für sich.**

Österreichs Wintersportler, besonders die Skiläufer, sind eine Klasse für sich. Man könnte meinen, dass die österreichischen Sportkommentatoren es mit ihrem Patriotismus ein wenig übertreiben, wenn sie laufend die Namen ihrer Landsleute nennen, bis einem auffällt, dass unter den ersten zehn Plätzen in den betreffenden Wettkämpfen tatsächlich eine ganze Reihe Österreicher sind.

Sobald einer dieser Lokalmatadore einen weiteren Geschwindigkeitsrekord beim Slalom gebrochen hat oder beim Skisprung dem Tod gerade noch mal von der Schanze gesprungen ist, wird ihm ein Mikrofon unter die Nase gehalten und er wird nach seiner Einschätzung gefragt. Da diese aber normalerweise in reinem Tiroler Dialekt abgegeben wird, verstehen selbst deutschsprachige Zuschauer so gut wie nichts, obwohl bei der Übersetzung meistens auch nicht mehr herauskommt als: „Ich hätte nicht geglaubt, dass ich das schaffen könnte, aber dann bin ich gesprungen und habe es doch geschafft!"

»Generell zeigen die Österreicher eine zivilisierte und bodenständige Haltung, was die körperliche Seite von Herzensdingen angeht.

Da die Karriere eine erstklassigen Skirennfahrers von kurzer Dauer ist, gilt es so viele Medaillen zu gewinnen und so viele Fernsehinterviews wie möglich zu geben, bevor man sich vom Sport zurückzieht, um ein Hotel zu betreiben oder Werbung für Waschmittel zu machen.

Sex

Generell zeigen die Österreicher eine zivilisierte und bodenständige Haltung, was die körperliche Seite von Herzensdingen angeht. Die meisten ignorieren stillschweigend die Vorgaben der katholischen Kirche bezüglich Verhütung und Abtreibung (welche in Österreich innerhalb der ersten drei Monate legal ist). Prüderie ist dem österreichischen Temperament fremd und Enthaltsamkeit denen vorbehalten, die sich freiwillig dafür entscheiden. Die Österreicher gehen mit au-

>> Prüderie ist dem österreichischen Temperament fremd.

ßerehelichen Beziehungen lockerer um als die strengeren nördlichen Nachbarn. Den euphemistischen Bezeichnungen für die Teilnehmer einer solchen Beziehung fehlt dabei die unterschwellige Lüsternheit wie etwa bei den englischen Puritanern. Ein Mann, der ein Verhältnis mit einer verheirateten Frau hat, wird z. B. Hausfreund genannt, was Assoziationen von Freundschaft und Freundlichkeit hervorruft. Unverheiratete Paare in festen Beziehungen sind „Lebensgefährten" oder „Lebensgefährtinnen" – Begriffe, die bei Deutsch lernenden Ausländern das beruhigende Bild eines treuen Begleiters auf dem langen Lebensweg hervorrufen.

Folgende Anekdote spiegelt den allgemeinen Umgang mit außerehelichen Beziehungen wider:

„Zwei Männer lernen sich bei einer Party kennen und unterhalten sich. Der eine sagt beiläufig: „Sehen Sie dort drüben in der Ecke die beiden Frauen, die sich unterhalten? Die Brünette ist meine Ehefrau und die hübsche Blonde, die mit ihr spricht, ist meine Geliebte." – „Das ist seltsam", sagt der andere, „ich wollte gerade dasselbe sagen, nur andersherum."

Kultur

Die österreichische Hochkultur konzentrierte sich traditionell und nicht gerade überraschend auf die Orte, an denen es ausreichend Mäzene gab (z. B. am Hof der Habsburger in Wien oder im Fürsterzbistum Salzburg). Auch die Kirche spielte eine wichtige Rolle, vor allem durch die Ausbildung und Anstellung von Musikern (Bruckner im Kloster Sankt Florian in Oberösterreich, Haydn als Chorknabe im Wiener Stephansdom). Seit der Gründung der modernen Salzburger Fest-

>> **Wien ist die Stadt, die Komponisten wie Haydn, Mozart, Schubert, Bruckner, Mahler, Schönberg und Johann Strauss hervorgebracht hat.**

spiele im 20. Jahrhundert durch Max Reinhardt und ihrer Entwicklung zu einer beliebten Fotokulisse für die Prominenz durch Herbert von Karajan, dominieren Salzburg und Wien die österreichische Kulturszene mit Veranstaltungen fast das ganze Jahr über.

Heutzutage gibt es zwar im ganzen Land kulturelle Angebote, von den mückenverseuchten Open-Air-Operetten im winzigen Mörbisch am Neusiedler See im Osten, bis zu Avantgarde-Festivals in Graz im Süden oder den Bregenzer Festspielen im Westen mit einem Mainstreamprogramm aus Schauspiel und Oper.

Trotzdem fällt einem sofort Wien ein, wenn man an die kulturellen Errungenschaften Österreichs denkt, als die Stadt, die Komponisten wie Haydn, Mozart, Schubert, Bruckner, Mahler, Schönberg und Johann Strauss hervorgebracht hat (allesamt Söhne Österreichs oder der Habsburger Monarchie) oder deutschen Komponisten wie Beethoven und Brahms ihre wesentliche Arbeitsstätte bot und wo sie gestorben sind. Auch Maler wie Klimt und die Wiener Secession wären zu nennen, Schriftsteller wie Raimund, Grillparzer, Nestroy und Kraus, Dramatiker wie Hugo von Hofmannsthal oder Arthur Schnitzler, desweiteren Sigmund Freud. Wien ist zudem Geburtsort von Friedrich von Hayek, Karl Popper und Ernst Gombrich. Viele dieser Personen sind Universalgenies und man mag bezweifeln, dass es überhaupt etwas spezifisch Österreichisches an ihnen gab. Aber die Qualität und Vielfältigkeit ihrer Errungenschaften lässt zumindest vermuten, dass Wien ihnen eine Umgebung bot, in der Kreativität blühen konnte. Der Schriftsteller Kraus bemerkte spöttisch: „Die Straßen Wiens sind mit Kultur gepflastert, die Straßen anderer Städte mit Asphalt."

》》 „Die Straßen Wiens sind mit Kultur gepflastert, die Straßen anderer Städte mit Asphalt."

Was für eine Vorstellung

Bezeichnend für die österreichische Leidenschaft für Kultur ist die ausgeprägte Parteinahme in kulturellen Fragen, die sich in Wien am beeindruckendsten zeigt und im Rest Österreichs auf etwas provinziellere Weise kopiert wird. Kontroverse Debatten über künstlerische Themen sind für Österreicher genauso selbstverständlich wie das Atmen. Es wird eine unglaubliche Leidenschaft für oder eine entsprechende Abneigung gegen die neueste Operninszenierung oder den neuesten gesellschaftlichen Tiefschlag eines zeitgenössischen Bühnenautors zur Schau gestellt. Das war schon immer so: Im 19. Jahrhundert teilten sich Musikliebhaber in die Wagner-Fraktion, die Bruckner unterstützte, und eine traditionell orientierte Fraktion, die Brahms favorisierte. Die Musik des Letztgenannten beschrieb man als „genau auf den wienerischen Geschmack zugeschnitten – nicht zu heiß, nicht zu kalt", was etwas nach einem lauwarmen Bad klingt.

>> **Kultur bietet einen wunderbaren Anlass zum Streiten, was sich in Österreich zu einer ausgefeilten Kunstform entwickelt hat.**

Während Kultur einerseits einen wunderbaren Anlass zum Streiten bietet, was sich in Österreich zu einer ausgefeilten Kunstform für sich entwickelt hat, so hegen die Österreicher andererseits eine echte Liebe zu Musik, Kunst und Theater.

Ein Objekt der Bewunderung sind die Wiener Philharmoniker, die 1842 gegründet wurden. Früher bildete das Orchester eine Art Priesterkaste, von der Frauen rigoros ausgeschlossen waren. Allerdings haben sich Argumente wie „Frauen fehlt ein Muskel im Oberarm, der für ein erlesenes Vibrato unerlässlich ist" überlebt und die Philharmoniker sind allmählich gezwungen, ihre Aufnahmekriterien zu ändern. Inzwischen kann man bei der Fernsehübertragung des berühmten Neujahrskonzertes in den dichtgedrängten Reihen der Philharmoniker auch mal eine vereinzelte Geigerin entdecken, wenn man genau hinschaut.

Die Mitglieder des Orchesters (immer noch überwiegend gebürtige Wiener) bekommen eine für Musiker großzügige

Entlohnung, die noch durch regelmäßige Tantiemen aus Tonträgerverkäufen aufgestockt wird. Die Abo-Karten (zumindest in der Theorie die einzigen, die erhältlich sind) für die Sonntagmorgenkonzerte der Philharmoniker werden von Generation zu Generation in den Familien weitergegeben und der Besuch der Konzerte ist ebenso ein musikalisches wie ein gesellschaftliches Ritual.

Auch vom Theater heißt es, dass es für Österreicher lebensnotwendig ist und sich in der Wichtigkeit nur dem Essen und Trinken geschlagen geben muss. Tatsächlich sind die Grenzen zwischen Bühne und wirklichem Leben häufig verschwommen. Seit dem Barock sind Oper

>> **Das Gefühl des frustrierten Künstlers schwelt bei vielen Österreichern unter der Oberfläche.**

und Theater aufgeblüht und die Gier des Publikums nach spektakulären Aufführungen ist so unersättlich wie unkritisch. Maria Theresia ließ wissen: „Spektakel müssen sein", um das Volk bei Laune zu halten und Adolf Hitler hatte „volles Haus", als er 1938 auf dem Heldenplatz seine stundenlange Tirade hielt. (Auch er war, wie viele Österreicher, ein frustrierter Künstler, in dem die künstlerischen Errungenschaften Wiens eine Mischung aus Bewunderung, Hass und Neid erweckten.) Dieses Gefühl des frustrierten Künstlers schwelt bei vielen Österreichern unter der Oberfläche und findet seinen Ausdruck in allem, vom Heimwerken bis zum virtuosen Musizieren auf der Geige. Grillparzer schrieb dazu: „Man lebt in Halbdichtung, eine Gefahr für die Kunst selbst und ist ein Dichter, der nie von Reim oder Strophe geträumt hat".

Heimische Unterhaltung

In Österreich sind Couch-Potato-Kultur und Stubenhockertum vergleichsweise wenig verbreitet. Das könnte mit der hohen Qualität des österreichischen Fernsehprogramms zusammenhängen, das die breite Masse der Zuschauer abschreckt, obwohl sich inzwischen auch Reality-TV und Sendungen wie „Wer wird Millionär?" eingeschlichen haben, in der Hoffnung, jüngere Zuschauer anzulocken.

Die Radiosender bieten etliche ernsthafte Diskussionssendungen und eine große Vielfalt an Musik – wobei es Zuhörerbeschwerden gibt, dass zu viel „moderne" Musik gesendet wird – also nicht Wiener Klassik, Strauss etc. Das mag

» In den öffentlichen Toiletten in der Unterführung zur Oper werden laut Walzer von Strauss gespielt.

Besucher aus dem Ausland überraschen, die eher den Eindruck gewinnen, dass sie mit Mozart dauerberieselt werden, sogar auf den Anrufbeantwortern von Büros. In den öffentlichen Toiletten in der Unterführung zur Oper werden laut Walzer von Strauss gespielt, als Konkurrenz zum Rauschen der Spülung. Allerdings können unzufriedene Zuhörer auch den kirchlichen Sender Radio Stephansdom einschalten, dessen Programm verlässlich traditionell ist und zu dem die Österreicher aufwachen, Mittag essen und abends wieder einschlafen – eine Schlaftablette im Viervierteltakt.

Regierung & Verwaltung

Parteipolitik

Drei Hauptparteien beherrschen die österreichische politische Landschaft: Die Sozialdemokratische Partei Österreichs (SPÖ), die „Roten", die Österreichische Volkspartei (ÖVP), also die Konservativen, auch die „Schwarzen" genannt, und die umstrittene Freiheitliche Partei Österreichs (FPÖ), deren Farbe Blau ist, deren extremere Mitglieder allerdings unschmeichelhaft als „Braune" bezeichnet werden (in Anspielung an die Farbe der Nazi-Uniformen). Außerdem gibt es noch die einflussreiche Partei der Grünen, deren Farbe... nun ja... Grün ist.

Der Einzug der „Blauen" in die Regierung im Jahr 2000 markierte einen Wendepunkt in der österreichischen Politik und Gesellschaft. Es folgten für einige Jahre eine Reihe von hauptsächlich kosmetischen Veränderungen. Einer der „schwarzen" Minister beschrieb das spöttisch so: „Alle Österreicher streben nach Reformen, so lange alles beim Alten bleibt." Da Risikoscheu ein Schlüsselelement der nationalen Psyche ist, hat sich das Vermeiden von Konflikten zu einer wesentlichen Leitlinie der politischen (und persönlichen) Überlebensstrategien entwickelt. Ein bemerkenswert hochentwickeltes Beispiel dafür war die „Sozialpartnerschaft", eine 1957 getroffene, inoffizielle Vereinbarung, die seitdem die po-

> **》》 „Alle Österreicher streben nach Reformen, so lange alles beim Alten bleibt."**

litische Stabilität (oder Stagnation – je nach Standpunkt) gewahrt hat. Zentrale Entscheidungen in Bezug auf Löhne oder Preise wurden von einer Kommission ohne echte rechtliche Funktion vereinbart und dann sowohl von konservativer Seite (vertreten etwa durch die Handelskammer und Vertreter der Landwirte) als auch von der sozialdemokratischen Seite (z. B. durch die Gewerkschaften) bestätigt.

Die Ergebnisse waren beeindruckend: Es folgten Jahre des stetigen Wachstums und niedriger Arbeitslosenquote – und die Arbeitszeit, die pro Jahr durch Streiks verloren ging, wurde in Sekunden gemessen. Allerdings war dieses System insofern auch wieder typisch für die Österreicher, dass alle Vorteile auch als Nachteile ausgelegt

❯❯ Das System der Sozialpartnerschaft war insofern typisch für die Österreicher, dass alle Vorteile auch als Nachteile ausgelegt werden konnten und umgekehrt.

werden konnten und umgekehrt. Die positiven Aspekte politischer Stabilität, die durch die langjährige Koalition zwischen den „Schwarzen" und „Roten" entstanden waren, hatten zu einem Netzwerk von hochdotierten (und total überflüssigen) Positionen mit Vetternwirtschaft und ähnlichem geführt, wovon der damalige Vorsitzende der „Blauen", Jörg Haider, sich beeilte, die Wählerschaft in Kenntnis zu setzen.

Wie die österreichische Kirche ist auch die Sozialdemokratie in Gefahr, durch ihren eigenen unzeitgemäßen Ballast unterzugehen.

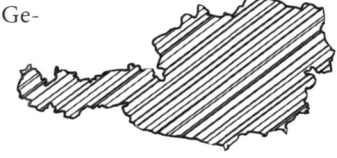

Bürokratie

Die Österreicher sind es gewohnt, von Tausenden von Auflagen eingeschränkt zu werden. Es ist ein beliebter Zeitvertreib eines jeden Bürgers, der etwas auf sich hält, Wege zu finden, diejenigen Auflagen zu umgehen, die ihm nicht passen. Um bürokratische Hemmnisse zu vermeiden sucht man „Hintertürln", deren Nutzung oft jahrelanger Übung bedarf. Allerdings gehen auch diejenigen, die für die Durchsetzung dieser Regeln verantwortlich sind, manchmal etwas nonchalant damit um, wenn Unwägbarkeiten wie die Verdauung des Polizisten oder der gefürchtete Föhnwind bedacht werden müssen. Die sorgsam ausbalancierte Zwiespältigkeit des Beamtenapparates beschrieb der österreichische Kulturkritiker Jörg Mauthe mit dem Bild eines typischen Amtsgebäudes mit langen Fluren mit einer geschlossenen Tür am Ende. An dieser Tür hängt ein Schild mit der Aufschrift: „Eintritt für jedermann ausnahmslos verboten". Da der Sinn und Zweck einer Tür aber nun einmal sei, einen Zugang zu ermöglichen, ihn sogar geradezu nahelegt, so Mauthe, wäre es sehr eigenartig, dort eine solche Anweisung vorzufinden. Noch absurder ist aber der Hinweis darunter: „Achtung, Stufe!"

Die österreichische Bürokratie ist ein Kunstwerk und die bürokratischen Abläufe folgen ihrer ganz eigenen, gnadenlosen Logik, mit teilweise surrealistisch anmutenden Konsequenzen. Es ist nicht überraschend, dass hochrangige Bürokraten wie Stifter und Grillparzer gleichzeitig Schöngeister

> **>> Die Österreicher sind es gewohnt, von Tausenden von Auflagen eingeschränkt zu werden.**

und Schriftsteller waren, die unbedingte Loyalität in ihrem Arbeitsumfeld mit einer gewissen Rebellion im Bereich ihrer künstlerischen Arbeit kombinierten. Es gibt zahlreiche Nachweise für ihre desinteressierte Verwaltungsarbeit unter den Habsburgern, als Bürokratie und Armee den Kitt lieferten, der die verschiedenen Völker und Traditionen zusammenhielt.

Trotz alledem sind die Österreicher ihrer Bürokratie durch eine gewisse Hassliebe verbunden (und man beachte, dass im deutschen Wort der Hass zuerst kommt, im Gegensatz etwa zum englischen *love-hate)*. Ein Teil der österreichischen Seele hasst

»Die Österreicher sind ihrer Bürokratie durch eine gewisse Hassliebe verbunden.

die nervige Einmischung in die privatesten Angelegenheiten, während ein anderer Teil nicht möchte, dass das Friedensreich der Verwaltung endet, in dem man nicht mehr entlassen werden kann, sobald man *pragmatisiert* (verbeamtet) ist und wo einen nach der Zeit des unkündbaren Bleistiftschubsens exakt die aufgeblähte Pension erwartet, die einem nach so einer anstrengenden Karriere zusteht.

Im 19. Jahrhundert zogen sich die Bürokraten nach ihrer Pensionierung in das sonnige Klima von Graz zurück, was dadurch den respektlosen Beinamen Pensionopolis erhielt. Heutzutage erkennt man den pensionierten Beamten an seinem dauergebräunten Teint, der durch mehrere Pauschalreisen pro Jahr erworben wird.

Vereinzelte Beamte können fleißig, charmant und höflich sein und zudem den typisch österreichischen Sinn für Selbstironie besitzen. Ein mürrischer Beamter allerdings kann eine schwere Bürde für Vernunft und Menschlichkeit sein. Es ist nur ein kleiner Trost, wenn seine oder ihre Verstocktheit auf eventuelle Intrigen und Dauergezänk innerhalb der Abteilung zurückzuführen ist. Eines der bekanntesten Beispiele für einen solchen Fall war die Besetzung der Stelle als Leiter des Österreichischen Museums für Moderne Kunst mit einem Ungarn. Etwa ein halbes Jahr nach seiner Ernennung erhielt er zu seinem Erstaunen eine schriftliche Aufforderung der Ausländerbehörde, das Land unverzüglich zu verlassen. Trotz seiner rechtlich einwandfreien Ernennung durch das Wissenschaftsministeriums hatten Beamte des Finanzministeriums,

》 Normalsterbliche können sich bei Problemen mit der Bürokratie an den Volksanwalt wenden.

die gegen die Ernennung dieses Kandidaten waren, seinen Vertrag so lange zurückgehalten, bis seine Aufenthaltsgenehmigung ungültig geworden war.

Normalsterbliche können sich bei Problemen mit der Bürokratie an die *Volksanwaltschaft* wenden, um die Probleme zu lösen und eventuell Schadensersatz zu bekommen. Die Tätigkeit dieser Institution beweist, dass die Beschränkung des Machtmissbrauchs durch den Staat in Österreich viel ernster genommen wird als anderswo. Wie wichtig eine solche Beschränkung ist, wurde durch den Leiter der Anwaltskammer betont, der sich darüber beschwerte, dass Österreich riskiere, „zu Tode verwaltet" zu werden, angesichts des Hagels an Gesetzeserlassen, -änderungen und -erweiterungen, der täglich auf die Köpfe der Bevölkerung niederprasselt.

Dafür kann man den einzelnen Beamten natürlich nicht verantwortlich machen, es verleiht ihm aber situationsbedingt ein beängstigendes Maß an Macht. Eine Zeile der Nationalhymne lautet „Vielgeprüftes Österreich": Satiriker haben sich die Doppelbedeutung von „prüfen" zu Nutze gemacht und gedichtet: „Vielgeprüftes Österreich (seitens der Steuerbehörden), vielgeprüftes Österreich (seitens der Innenrevision)". Und so hofft man, dass man sich durchgemogelt hat, aber ein Beamter mit Sitzfleisch in einem unscheinbaren Büro, hinter einer Tür mit einem Eintritt-verboten-Schild, ist einem schon auf den Fersen.

Systeme

Der Niedergang des Reiches 1918, gefolgt von Besetzung und totalem Krieg, bedeutete, dass Österreich 1945 komplett neu geordnet werden musste. Offiziell wurde Österreich mit dem Staatsvertrag von 1955 wiederhergestellt. Der Marshallplan und die Festlegung auf Neutralität setzten eine Unmenge an Ressourcen für Wiederaufbau und Modernisierung frei. Die Österreicher stellten das Talent, bekamen das Geld und das Ergebnis war ein modernes Österreich.

Die Art und Weise wie sie das erreichten, spiegelt das österreichische Genie wider, Altes und Neues sowie Technologie mit Ästhetik zu verbinden. Von der Technik wird erst einmal erwartet, dass sie störungsfrei funktioniert und das klappt auch

> **》Altes wird mit Neuem verbunden, Technologie mit Ästhetik.**

meistens reibungslos, zusätzlich soll sie sich aber an die nationalen Bedürfnisse in Bezug auf Gemütlichkeit anpassen.

Man findet also die neuesten Computer, die so geschmackvoll in die Räume von restaurierten Palästen eingepasst sind, als hätte der ursprüngliche Architekt sie schon genau dort eingeplant; Passagiere verlassen die ultramoderne U-Bahn durch einen verspielten Pavillon aus der Secessionszeit. Die Verschmelzung des Traditionellen mit der Moderne ist erstaunlich gut geglückt: Die strahlend saubere U-Bahn gleitet lautlos unter dem historischen Stadtkern Wiens hin und her und teilt ihre unterirdischen Geheimnisse mit Spuren römischer Kultur und mittelalterlichen Kellern; Straßenbahnen (von anderen, weniger weisen Nationen auf den Müllhaufen der Vergangenheit verbannt) befahren die Straßen von Wien und Graz mit einer durchschnittlichen Geschwindigkeit von etwa 15 km/h, was einem aber, verglichen mit den verstopften Straßen von London, Paris und Rom, wie Lichtgeschwindigkeit vorkommt.

Die Haltung der Österreicher zur Moderne ist genauso zwiespältig wie zu allem anderen. Insbesondere genießen sie es, sich mit vernichtenden Urteilen über den Größenwahn von Architekten auszulassen. Zum Glück für die Kritiker gibt es einen stetigen Nachschub an Projekten, die sich nicht nur durch ihre enorme Größe, son-

>> **Österreicher genießen es, sich mit vernichtenden Urteilen über den Größenwahn von Architekten auszulassen.**

dern auch durch ihre sensationelle Nutzlosigkeit auszeichnen. Ein Kritiker äußerte sich so: „Für wilde, unausgegorene Phantastereien und Pläne ist in Österreich immer reichlich Geld da, denn wie könnte man sein Prestige mit Projekten aufpolieren, die bloß zweckmäßig sind?"

Unterdessen wird die Infrastruktur durch stetige Investitionen in öffentiche Projekte am Laufen gehalten. Der einzige Nachteil daran ist, dass sich dadurch fast sämtliche Einrichtungen, seien es Museen, Autobahnen oder sonst etwas, in einem Dauerzustand des Umbaus zu befinden scheinen. Wo immer man mit Angestellten, Kartenverkäufern oder Pförtnern spricht, muss man versuchen, den Krach der Presslufthämmer oder ähnlicher Maschinen zu übertönen. Überall sprießen Hinweisschilder wie: „Wegen Bauarbeiten geschlossen. Wir bitten um Ihr Verständnis", oder „Dieses Büro befindet sich wegen Umbaumaßnahmen zur Zeit in Raum 14 in der So-und-so-Straße", oder noch etwas vager: „Zur Zeit geschlossen".

Erziehung

Bei den Österreichern hat Bildung einen hohen Stellenwert. Dieser Begriff beinhaltet nicht nur den Erwerb von Wissen, sondern auch von Kultur. Einige der brillantesten Köpfe des

》 Bildung hat in Österreich einen hohen Stellenwert.

20. Jahrhunderts wurden in Wiener Gymnasien, in einer Art Treibhausatmosphäre für Bildung, herangezogen. In Österreich gibt es eine Schulpflicht von neun Jahren und gemischtgeschlechtliche Klassen, mit Ausnahme von einigen kirchlich organisierten Schulen. Im Alter von zehn Jahren werden die Kinder in zwei Zweige getrennt: einen berufsbezogenen und einen der zur *Matura* führt.

Mit der *Matura* ausgestattet haben sie das Recht, eine Universität zu besuchen – vorausgesetzt, sie können sich die Gebühren leisten, die wegen Überfüllung der Universitäten, der hohen Studienabbrecherrate im ersten Jahr, dem Phänomen der „ewigen Studenten" und der Übersättigung des Arbeitsmarktes mit überqualifizierten Absolventen eingeführt wurden. All diese Faktoren tragen dazu bei, den berechtigt guten Ruf des österreichischen Bildungswesens zu untergraben.

Die Durchschnittsdauer eines Studiums in Österreich beträgt sieben Jahre, verglichen mit ungefähr viereinhalb Jahren in anderen europäischen Ländern. Im Fach Medizin mahlen die Mühlen dermaßen langsam, dass die Studenten erst nach zehn Jahren die Ziellinie erreichen, um dann herauszufinden, dass die allmächtige Ärztekammer ein Kartell betreibt, das die Zulassung zum Arbeitsmarkt reguliert. Natürlich betont die Ärztekammer, dass dies ausschließlich im öffentlichen Interesse geschieht. Genauso natürlich glaubt die Öffentlichkeit, deren Interessen hier ach so gewissenhaft vertreten werden, das angesichts der vielen in Ärztewartezimmern verbrachten Stunden in keinster Weise.

>> **Die Obrigkeiten suchen verzweifelt nach Möglichkeiten, den jungen Leuten den Militärdienst schmackhaft zu machen.**

Junge Österreicher müssen Wehrdienst oder alternativ Zivildienst leisten. Da sich aber mehr und mehr junge Männer für den Zivildienst entscheiden, suchen die Obrigkeiten schon etwas verzweifelt nach Möglichkeiten, den jungen Leuten den Militärdienst wieder schmackhaft zu machen. (Die Idee, die bei der Armee erforderliche Disziplin etwas „gemütlicher" zu gestalten, wäre zwar sehr österreichisch, erscheint aber wenig erfolgversprechend.)

Umwelt

Im europäischen Vergleich ist Österreich Vorreiter in Sachen Umweltschutz. Tatsächlich ergab sich daraus die absurde Situation, dass die EU einige der österreichischen Standards senken wollte, um Firmen aus Ländern mit den weniger hohen EU-Standards einen Gefallen zu tun. Dieses Ansinnen kam in Österreich allerdings gar nicht gut an. Öffentlicher Widerstand hatte die Regierung schon gezwungen, Projekte wie ein Atomkraftwerk unter astronomischen Kosten einzumotten und Pläne für ein Wasserkraftwerk in der Donau zu verwerfen.

Innenpolitisch hat sich „grünes" Denken auch bei der Regierung immer mehr durchgesetzt – anfangs wurde bleihaltiges Benzin verboten, später wurden Verordnungen zur Mülltrennung erlassen und empörte Besitzer von Elektroläden wurden zur Rücknahme von verbrauchten Leuchtstoffröhren verpflichtet.

Essen & Trinken

Lange Zeit zeichneten sich die Essensgewohnheiten der Österreicher eher durch Menge als durch Qualität aus. Die Namen vieler traditioneller Gerichte klingen verheißungsvoll nach einem übervollen Teller dampfenden Essens, dessen Geschmack auf der Zunge explodiert wie Cholesterinbomben (was diese Gerichte ja auch sind). Der *Bauernschmaus* z. B. besteht aus einem Berg von Fleisch und Würsten, der nur geringfügig kleiner ist als der Großglockner (der höchste Berg

❯❯ Der Bauernschmaus besteht aus einem Berg von Fleisch und Würsten, der nur geringfügig kleiner ist als der Großglockner.

Österreichs), garniert mit Knödeln und Sauerkraut. Hartgesottene Esser können ihr Durchhaltevermögen mit *Beuschel* (geschnetzelte Eingeweide in Soße) oder mit *Blunzn* (eine Art Blutwurst) testen.

Die unausweichliche Folge davon ist, dass manche Österreicher mittleren Alters immer mehr die Form von beliebten Nationalgerichten wie *Fleischknödeln* (mit Fleisch gefüllte Kartoffelknödel) oder *Grammelknödeln* (wieder Knödel – nur diesmal mit Speck gefüllt) annehmen. Gekochtes Rindfleisch (Puristen lassen es vier Stunden lang köcheln) ist ein weiteres Lieblingsgericht, hat aber nie die universelle Anerkennung bekommen wie eine andere Spezialität, das Wiener Schnitzel. Ein echtes Wiener Schnitzel, so sagen Kenner, sollte die Größe eines Toilettensitzes haben und wie den Toilettensitz teilt man es ungern. Das wahre Wiener Schnitzel, in Ei und Paniermehl gewälzt, goldbraun in Butter gebraten und mit einem Spritzer Zitrone abgeschmeckt, ist allein schon eine Reise nach Wien wert.

Im Tortenparadies

Wien teilt sich mit Salzburg (und eigentlich jeder österreichischen Stadt, die etwas auf sich hält) die Tradition der Konditoreien, deren Köstlichkeiten die wildesten Träume übertreffen.

In ganz Österreich scheinen nachmittags Damen eines gewissen Alters und eines gewissen Umfangs magisch von der nächsten Konditorei in ihrer Umgebung angezogen zu werden. Die Auswahl ist verwirrend

>> Die Konditoreien sind eine weibliche Domäne.

groß – man wird von einer unglaublichen Vielfalt an Torten und Kuchen empfangen, die die Namen ihres Schöpfers tragen oder des Adligen, der diese oder jene Köstlichkeit besonders gerne verzehrt hat (Sacher, Esterhazy, Malakoff, Dobos). Es gibt Biskuitkuchen mit Brombeeren, Blaubeeren, Himbeeren oder Erdbeeren, ganz zu schweigen von den *Petits Fours,* Nougatröllchen und Erdbeertörtchen. Die Konditoreien sind eine hauptsächlich weibliche Domäne, ein Ort für Damen, die sich im Kampf gegen das Gewicht geschlagen gegeben haben und sich nun entspannt in ihr fortgeschrittenes Alter sinken lassen können wie leckgeschlagene Schiffe, die langsam in den Wellen untergehen.

Die Bäckereien haben ein erstaunliches Angebot an Roggen- und Weizenbroten, viele mit Kümmel gewürzt. Das stellt sich als weise Voraussicht dar und soll den orkanartigen Blähungen entgegenwirken, die mit dem Verzehr österreichischen Brotes einhergehen können. Die Bäckereien bieten außerdem eine reiche Auswahl an *brioches, croissants,* belegten Brötchen und Gebäckteilchen. Für diejenigen, die das Essen ihrer Wahl zusammen mit einer Tasse Kaffee sofort verzehren möchten, gibt es häufig eine Theke im hinteren Bereich des Ladens. Diese Möglichkeit wird gerne von den allgegenwärtigen Wiener Plaudertaschen genutzt, um sich bei einer *Plundertasche* über die neuesten Skandale auszutauschen.

》》 Käsekrainer sind auch als „Eitrige" bekannt, weil der Käse aus ihnen herausquillt, wenn man hineinbeißt.

Die Stadtbewohner Österreichs scheinen einer ständigen gastronomischen Unterstützung zu bedürfen, selbst wenn sie nur zur Post gehen oder sich eine Zeitung kaufen: Wie anders könnte man sich die Tatsache erklären, dass man alle paar Meter von den Düften einer Konditorei, einer Bäckerei, eines Gebäckverkaufsstandes oder Imbisses, eines Metzgers mit Esstheke oder eines Würstelstandes angelockt wird.

Die letzteren sind häufig in strategischer Nähe von Zugängen zu öffentlichen Verkehrsmitteln angesiedelt und bieten eine Auswahl verschiedener heißer Würstchen, wie die fetttriefenden *Debreziner, Burenwurst* oder *Käsekrainer,* auch als „*Eitrige*" bekannt, weil der Käse aus ihnen herausquillt, wenn man hineinbeißt. Die Beilagen aus eingelegter Gurke, Senf und Brötchen sind wohl ein vergeblicher Versuch, das enthaltene Fett zu absorbieren. Das am wenigsten einladende Angebot am Würstelstand ist der Leberkäse, eine irritierend rosafarbene Masse, die kurz vor ihrem endgültigen Ableben eine graue Farbe annimmt. Dieser schmort, leicht schwitzend, in einem Glasofen auf der Theke und gibt einen beißenden Geruch ab, wie um die Überwindungskraft potentieller Esser herauszufordern.

>> **Der Leberkäse, eine irritierend rosafarbene Masse, schmort, leicht schwitzend, in einem Glasofen auf der Theke.**

Die Attraktivität dieses billigen Essens in Städten mit einem großen Angebot an verführerischer, aber teurer Gastronomie ist leicht nachvollziehbar. Aber selbst wenn der Preis keine Rolle spielen würde, ist zu bezweifeln, dass ein echter österreichischer Genießer Essen zu schätzen wüsste, das eventuell sein Leben verlängern und die Taille im Zaum halten könnte. Bewundernswert stoisch nimmt er lieber die Aussicht auf einen (nicht ganz unangenehmen) „Selbstmord mit Messer und Gabel" in Kauf.

Das Kaffeehaus

Das Kaffeehaus hat in der Wiener Kultur schon immer eine besondere Rolle gespielt, mit provinzielleren Kopien davon in den Universitätsstädten. Es wurde als ein Ort für Leute beschrieben, die „allein sein wollen, aber Gesellschaft brauchen, um das zu erreichen". Bei der Wahl seines Kaffeehauses muss man sorgfältig differenzieren. Es gibt etwas schmuddelige Kaffeehäuser, wo dubiose Typen Billard spielen, oder ehemals elegante, schäbig gewordene, wo sich muntere Rentner zum Kartenspielen treffen. Ein anderes Kaffeehaus mag voller Beamter sein, die sorgfältig die Rechnung überprüfen, anstatt sie einfach zu bezahlen, ein anderes ist von Intellektuellen bevölkert, die die kostenlos zur Verfügung stehenden Zeitungen lesen.

Das Kaffeehaus bietet eine Möglichkeit, die Stunden des Tages zu füllen, in denen man nichts Dringliches zu erledigen hat. Dieser Anteil an Stunden erhöht sich logischerweise mit dem Alter. Von einem älteren Paar wurde erzählt, sie hätten zehn Jahre lang Tag für

> **Das Kaffeehaus bietet eine Möglichkeit, die Stunden des Tages zu füllen, in denen man nichts Dringliches zu erledigen hat.**

Tag ziemlich für sich in einem Kaffeehaus gesessen. Manch einer mag sagen: „Das ist eine gute Ehe!" – Nein, das ist ein gutes Kaffeehaus!

Trinkgewohnheiten

Die österreichische Begeisterung für fades Bier ist nichts im Vergleich zu ihrer Leidenschaft für jungen, perlenden Wein. Die Gasthöfe in den Weinanbaugebieten werden *Heurigen* genannt. Diese Bezeichnung leitet sich aus dem Wort *heuer* für „diesjährig" ab und bedeutet, dass dort nur Wein von der letzten Lese und von einem einzigen Weingut angeboten wird. Die *Heurigen* zeichnen sich durch ihre eigene traditionelle Atmosphäre aus, die genauso wichtig ist wie die Qualität des Weines, der gerne als *G'spritzter* mit einem Schuss Mineralwasser getrunken wird.

Mit dem Trinken wird in erster Linie Gemütlichkeit verbunden, in diesem Zusammenhang also so etwas wie ungezwungene Geselligkeit und Behaglichkeit. Diese herzliche Atmosphäre kann manchmal etwas verwirrend sein für Menschen, die nicht so gut mit den Launen des österreichischen Charakters vertraut sind, denn die Gedanken der Anwesenden neigen mit steigendem Alkoholpegel dazu, in Richtung Depression und Tod abzuschweifen.

》》 Der Hang zur Melancholie verleiht Heurigen-Trinkgelagen eine gewisse makabre Würze.

Dieser Hang zur Melancholie ist Teil der durch den Wein begünstigten, ungehemmten Rührseligkeit und verleiht Heurigen-Trinkgelagen eine gewisse makabre Würze, wie ein Tropfen Urin in einem Becher voll Nektar. Der Liedermacher Roland Neuwirth hat diese Neigung in „Ein echtes Wienerlied" satirisch aufgegriffen, in dem er fünfzehn Metaphern für das Sterben verwendet, unter anderem:

Er hat an Abgang gmacht,
Er hat die Patschn gstreckt,
Er hat a Bankl grissn,
Er hat se niedaglegt,
Er hat se d' Erdäpfel von unt angschaut,
Er hat se sozusagn ins Holzpyjama ghaut.

Einkaufen

In Österreich gibt es für das Einkaufen ungeschriebene Gesetze, die der Käufer auf eigene Gefahr missachtet. Der vorbildliche Käufer bekundet im Supermarkt seine Kaufabsicht, indem er sich im Eingangsbereich einen Einkaufskorb oder -wagen nimmt. Daran halten sich alle Österreicher pflichtbewusst, um die mögliche Unterstellung, dass sie etwas mitgehen lassen wollen, zu vermeiden. Auf dem Weg zur Kasse gibt es Schilder, die die Kunden darauf hinweisen, dass sie ihre Einkaufstaschen zur Überprüfung vorzuzeigen haben, „um Missverständnissen vorzubeugen".

》》 Es gibt Schilder, die die Kunden darauf hinweisen, dass sie ihre Einkaufstaschen zur Überprüfung vorzuzeigen haben, „um Missverständnissen vorzubeugen".

Viel angenehmer sind da die kleineren Vertreter des österreichischen Einzelhandels – die Kioskbesitzer, die Losverkäufer, die Inhaber der Tabakläden, die außer Tabakwaren auch Fahrkarten und Zeitungen verkaufen und nicht zuletzt auch die *Greißler*. Diese letzteren sind ein typisch wienerisches Phänomen – die durch die Konkurrenz der großen Supermärkte vom Aussterben bedrohten, kleinen Lebensmittelläden an der Ecke (die aber schon seit 30 Jahren auszusterben drohen). Den *Greißlern* wird nachgesagt, dass sie alles von eingelegten Gurken bis hin zu hausgemachter Alltagsphilosophie verkaufen. Der rege Handel mit Letzterer führt dazu, dass diese Läden oft voll von Rentnern sind, die zu einem Schwatz vorbeikommen. Der kluge Ladenbesitzer hält seine Meinung zu den brennenden Themen des Tages betont neutral, um sich das Wohlwollen der Kundschaft zu erhalten.

Die Tabakwaren- und Lotterieläden haben ebenfalls ihre Stammkunden, die dort auf eine Zigarette bleiben und ihr aufmerksames Publikum mit Witz und Weisheiten unterhalten. Sobald es mal wieder einen öffentlichen Skandal gegeben hat, kriegt man kaum einen Fuß in diese Läden, weil so viele Leute den Drang verspüren, ihre Meinung dazu kundzutun.

Die konservative Grundhaltung in Österreich hatte lange dazu geführt, dass die Öffnungszeiten der Läden eher den Bedürfnissen der Ladenbetreiber als denen der Kunden angepasst waren. Nach etwa 30 Jahren Gerangel zwischen den zuständigen Ministerien und einigen an größerem kommerziellen Erfolg interessierten Ladenbesitzern können die Läden nun im Wesentlichen selbst entscheiden, wann zwischen Montag 0 Uhr und Samstag 17 Uhr sie Handel treiben. Man könnte denken, dass das Recht, seinen Laden zu öffnen, wann man möchte, wenig umstritten ist. Doch wer das glaubt, verkennt die Mentalität des traditionellen österreichischen Ladenbesitzers. Wenn er selbst seinen Laden zu einer bestimmten Zeit nicht öffnen möchte, sollen andere per Gesetz daran gehindert werden, ihre Läden zu öffnen.

>> Man könnte denken, dass das Recht, seinen Laden zu öffnen, wann man möchte, wenig umstritten ist.

Zweigstellen von Banken in den Vorstädten oder Geschäftsstellen der Post in ländlichen Regionen schließen immer noch ein oder sogar zwei Stunden über Mittag, obwohl genau dies die Zeit ist, zu der der Großteil der arbeitenden Bevölkerung ihre Dienste in Anspruch nehmen würde. Die Österreicher aber haben dafür Verständnis: Das Mittagessen ist eine wichtige Angelegenheit und man sollte kommerziellen Interessen nicht den Vorrang vor einer geregelten Verdauung einräumen.

Gesundheit

Das Interesse der Österreicher an Gesundheit ist eher wissenschaftlicher oder zumindest pseudowissenschaftlicher Natur. Unterhaltungen darüber sind mit beeindruckenden Fachbegriffen gespickt und eine Freundschaft gebietet, dass man

» Das Prinzip der Diagnose entspricht der österreichischen Mentalität.

sich jedes Symptom seines Freundes oder seiner Freundin detailliert erklären lässt, um dann mit einem ausführlichen Bericht über die eigenen Symptome zu antworten.

Das Prinzip der Diagnose entspricht der österreichischen Mentalität und tatsächlich begründet sich der Rang und die wohlverdiente Reputation der Medizinischen Universität Wien darauf. Ärzte im 19. Jahrhunderts trieben es auf die Spitze: „Ich diagnostiziere, dass Sie mehr Diagnose brauchen". 1847 schrieb ein Besucher aus Deutschland darüber ein satirisches Gedicht, in dem gelehrte Wiener Professoren unermüdlich Notizen machen, während sich der Zustand ihres Patienten zusehends verschlechtert und er schließlich vor ihren Augen verstirbt. Der Tod bietet natürlich Gelegenheit für eine weitere Untersuchung *post mortem* und eine daran anschließende Diskussion der Diagnose.

Kranke Kassen

Die Gesundheitsversorgung in Österreich wird durch eine Pflichtversicherung gewährleistet, die von verschiedenen Krankenkassen getragen wird. Diese operieren von fantastischen Glas- und Marmorpalästen aus und die Leitungsebene

>> **Die Krankenkassen operieren von fantastischen Glas- und Marmorpalästen aus.**

wird traditionell nach den Prinzipien der politischen Günstlingswirtschaft besetzt. Die Topmanager beziehen üppige Gehälter aus den Fleischtöpfen, die auf dieser Ebene üblich sind und die österreichische Regierung gleicht eventuell von den Krankenkassen erwirtschaftete Defizite aus.

Das System funktioniert ganz gut, wahrscheinlich weil der Großteil der Finanzierung durch direkte Zahlungen erfolgt. Probleme gibt es nur, wenn Fehler oder Skandale öffentlich bekannt werden. Dann wird die Verantwortung mit schöner Regelmäßigkeit durch die verschiedenen Instanzen, die alle ein Stück vom Kuchen des Gesundheitssystems für sich beanspruchen, weitergereicht: die Krankenhausträger, die Landesregierung, das Bundesministerium für Gesundheit und

Frauen sowie diverse weitere Stellen. Jede einzelne dieser Institutionen prüft mit einiger Entrüstung ihre Verantwortung in dieser Angelegenheit, weist sie dann mit der Erklärung von sich, dass sie nicht in ihren Zuständigkeitsbereich falle, und reicht sie weiter.

Gesundheit & Abnehmen

Die männlichen Vertreter der jüngeren Generation in Österreich sind fitnessbewusster als ihre Vorfahren und achten stärker auf ihre Ernährung. Also ist es weniger wahrscheinlich, dass sie zu einem wandelnden potentiellen Herzinfarkt auf zwei fetten Beinen degenerieren.

>> **Vertreter der jüngeren Generation in Österreich sind fitnessbewusster als ihre Vorfahren.**

Die watschelnden, fettbäuchigen Wurstfresser sterben aus, obwohl sie immer länger leben, als sie selber oder ihr Arzt prognostiziert hatten. Es wird sich aber noch zeigen, ob die „neuen" Österreicher mit ihrer Tendenz zu vegetarischem Essen und zum Wassertrinken diese Lebensweise auch über ihr vierzigstes Lebensjahr hinaus durchhalten.

Geschäftsleben

Österreichs Wirtschaft ist bekannt für eine Tendenz zu Monopolismus und Korporatismus, obwohl dieser Ansatz inzwischen mehr und mehr in die Kritik geraten ist und ein Trend zu mehr Wettbewerb erkennbar ist.

Trotz oder vielleicht wegen dieser restriktiven Praxis galt Österreichs Wirtschaft als eines der Wunder der Nachkriegswelt. Es gab stetiges Wachstum und das Land schien auf wundersame Art immun gegen die schlimmsten Auswirkungen der Rezessionen zu sein, unter denen andere Länder zu leiden hatten.

》》 In Österreich hat sich die Symbiose von Wirtschaft und Politik nicht immer als glücklich erwiesen.

Eine ungewohnte Stagnation der österreichischen Wirtschaft in den 1990ern warf ein Licht auf den prekären Zustand der staatlich geführten Industriekonglomerate, die nach Jahren nachlässigen Managements und (in manchen Fällen) nach Korruptionsskandalen nun schließlich zusammenbrachen. In Österreich hat sich die Symbiose von Wirtschaft und Politik nicht immer als glücklich erwiesen. Nachdem die staatlichen Konsortien aufgelöst und zur Privatisierung freigegeben waren, hofften die Österreicher etwas naiv, dass es in Zukunft weniger Klüngel geben würde.

Die spektakulärste Privatisierung war die von Telekom Austria – die Abschaffung ihrer Monopolstellung führte zu einer Reduktion der Tarife um bis zu 30 %. Dieses Risiko will die Post nicht eingehen. In dem Bemühen, die Öffentlichkeit auf ihrer Seite zu halten, versuchen es die örtlichen Poststellen immer mal wieder mit Charmeoffensiven. Die Schalterbeamten verblüffen ihre Kunden, indem sie sie nicht mit schroffen Anweisungen anblaffen oder ihre Pakete widerwillig beäugen. Teil der Kampagne sind auch Botschaften der Freude und des Willkommens an Briefkästen. Nur die kaltherzigsten Miesepeter können an einem Briefkasten mit der Aufschrift „Ich fühle mich so leer!" vorbeigehen, ohne etwas hineinzuwerfen.

Zu Zeiten des Kalten Krieges profitierte das Land von guten Geschäften mit den Ostblockstaaten, so dass österreichische Geschäftsleute schon über exzellente Handelsbeziehungen zu den ehemaligen kommunistischen Ländern verfügten, als der Eiserne Vorhang fiel, und diese auch sehr geschickt zu ihrem Vorteil zu nutzen wussten. Die gute Nachricht ist, dass der Handel mit Osteuropa wächst. Die nicht so gute Nachricht ist, dass die ehemaligen kommunistischen Länder durch ihr Reservoir an gut ausgebildeten, billigen Arbeitskräften die Kosten österreichischer Unternehmen in vielen Bereichen unterbieten können. Allerdings haben österreichische Firmen davon profitiert, dass sie ihre Produktionsstätten in diese Nachbarländer verlagerten, viel Geld in *joint ventures* und Unternehmen wie zum Beispiel ungarische Brauereien investierten und auch Niederlassungen ihrer Banken dort ansiedelten.

>> **Österreichische Firmen haben davon profitiert, dass sie ihre Produktionsstätten in diese Nachbarländer verlagerten.**

Trotzdem ist eine gewisse Skepsis gegenüber den Motiven von Geschäftsleuten tief im Wesen des durchschnittlichen Österreichers verankert. Das ist nicht verwunderlich, angesichts der heimlichtuerischen Art und Weise, mit der viele ihre Geschäfte tätigen. Bis zum Jahr 2000 verweigerte eine große Supermarktkette unter Berufung auf das Betriebsgeheimnis eisern die Veröffentlichung von Bilanzen. Aufsichtsräte können von der Geschäftsleitung über ihre Praktiken komplett im Dunkel gehalten werden – oder manchmal auch umgekehrt. Als der geplante Zusammenschluss von zwei der größten Banken Österreichs bekannt gegeben wurde, beklagte sich der leitende Geschäftsführer der einen Bank darüber, dass er erst durch die Medien davon erfahren hätte.

Verbrechen & Strafe

Skandale

Skandale, über die in der Tagespresse berichtet wird, reichen vom Missbrauch von Spesengeldern (wobei Spesen in Österreich ein Lebensstil sind) über Steuerhinterziehung bis hin zu illegalem Waffenhandel. Ein riesiger Korruptionsskandal, bei dem es um den Bau des Wiener Allgemeinen Krankenhauses ging, zog sich über 10 Jahre hin; ein anderer, bei dem es um ein Kartell unter Bauunternehmern bei der Vergabe von öffentlichen Aufträgen ging, fast genauso lang. Die Beschuldigten haben allerdings ein fast Houdini-artiges Talent, sich aus der Klemme zu befreien. Die wenigen, die wirklich verurteilt werden, kommen meistens mit einer Geldstrafe

>> **Menschen, die es schaffen, mit einem Betrug davonzukommen, faszinieren die Österreicher.**

und einem Klaps auf die Finger davon. Sie verlassen das Gericht mit der leicht verletzten Miene von jemandem, dessen Verdienste verkannt wurden, als wäre das alles ein riesiges Missverständnis gewesen.

Schmäh

Menschen, die es schaffen, mit einem Betrug davonzukommen, der die Polizei, Psychiater, Politiker und andere Obrigkeiten dumm aussehen lässt, faszinieren die Österreicher, ja, sie lieben sie. Der Mann, der das unschätzbar kostbare Salzfässchen des Bildhauers Cellini aus dem Kunsthistorischen Museum in Wien stahl, ist ein solches Beispiel. Einige Jahre später führte er die Polizei zu dem Versteck, wo er es vergraben hatte.

Besonders geschickt ausgeführter Betrug wird als *Schmäh* bezeichnet (ein echt österreichisches Wort) und von den Fachleuten dieser Disziplin und ihren Kunststücken wird mit genüsslicher Schadenfreude berichtet. Wer könnte sich den Heldentaten einer „Tante Hermine" entziehen, die das Land mit ihrem zerbeulten Koffer voller Geld verließ und so Millionen für korrupte Bauunternehmer schmuggelte. Dann gab es noch ein paar bekannte Namen, die einen Schwindel mit einer Lebensmittelkette entwickelt hatten, der so einfach war, dass man sich wundert, dass niemand schon vorher darauf gekommen war. Sie hatten die abgelaufenen Lebensmittel aus den Regalen entfernt, sie gewissenhaft mit einem Stempel mit neuem Ablaufdatum versehen und sie dann wieder zum Verkauf freigegeben.

> **》》 Besonders geschickt ausgeführter Betrug wird als Schmäh bezeichnet.**

Der unangefochtene König des *Schmäh* war allerdings ein Krimineller namens Udo Proksch, ein Versicherungsbetrüger, der Politiker aller Parteien (hauptsächlich aber Sozialdemokraten) in einem Privatraum des berühmten Wiener Kaffeehauses Demel, dessen Besitzer er war, empfing und unterhielt. Diese Kontakte leisteten ihm gute Dienste, als er Hauptverdächtiger in einem Versicherungsbetrug war, bei dem es um den Untergang eines Frachters mit Todesfällen ging.

Nach einigen Jahren auf der Flucht bekam er Heimweh nach den Fleischtöpfen Wiens und versuchte, unerkannt nach Österreich zurückzukommen. Diverse Personen aus den höheren Kreisen gerieten dadurch in Verlegenheit, dass die britischen Behörden in Heathrow taktlos genug waren, ihren österreichischen Partnern einen Hinweis zu geben und diese dadurch gezwungen waren, Proksch bei der Einreise zu verhaften. So endete diese bemerkenswerte Flucht, deren Aufklärung wie ein Alptraum mit einer Verfolgungsjagd in Zeitlupe wirkte, nur dass in diesem Fall die Verfolger nicht von der Stelle zu kommen schienen.

Die Sprache

In vielen Redewendungen spiegelt sich die ambivalente Haltung der Österreicher zu ihrer Geschichte und ihrem Nationalcharakter wider. Typisch sind diejenigen, die sich mit Pfusch und Fehltritten der Exekutivorgane Österreichs befassen. Das berühmteste ist: „Alles gerettet, Majestät": So erstattete der übereifrige Polizeichef dem Kaiser Franz Josef Bericht, nachdem 1881 das Ringtheater bis auf die Grundmauern abgebrannt war (tatsächlich waren bei dem Brand 386 Menschen ums Leben gekommen).

In vielen Ausdrücken zeigt sich eine Abneigung der Österreicher gegen die Eindringlinge, die ihnen ihre ausländischen Eigenarten und Sitten aufdrängen wollten. Ein „spanisches Gesicht machen" (für hochmütig sein) und „Das kommt mir spanisch vor" datieren aus der Zeit,

>> **Es gibt eine Unmenge von Begriffen und Redewendungen, die darauf abzielen, Übereifer oder Eitelkeit zurechtzustutzen.**

als die österreichischen Habsburger ein düsteres und unangenehmes Gefolge aus Spanien importierten, das auf einer sterilen und strengen Etikette bestand.

Es gibt eine Unmenge von Begriffen und Redewendungen, die darauf abzielen, Übereifer oder Eitelkeit zurechtzustutzen; z. B. ist ein *Adabei* jemand, der immer dabei sein will und bei jedem Anlass gesehen werden möchte. Ähnliche Bedeutung hat der *Gschaftlhuber* – Chef der Freiwilligen Feuerwehr, Vorsitzender des Kegelclubs, Schatzmeister des Gesangsvereins, Oberleutnant bei der Heilsarmee – alles in Personalunion.

Übereifer wird auch mit der schönen Redewendung „Schnitt-ling (Schnittlauch) auf allen Suppen" entlarvt.

Sogar die Beamtensprache kann durchaus faszinierend sein: Wer könnte dem *lebenden Inventar* zur Bezeichnung des Lehrpersonals an einer Eliteschule widerstehen oder dem etwas selbstironischen *Löschmeister,* als Titel für den Chef der Feuerwehr. Andere Wörter erzielen ihre Wirkung durch ihre musikalischen oder lautmalerischen Qualitäten, wie *Schnor-rer* oder *Schmarotzer,* während *Kerzlschlucker* eine unerträg-lich frömmliche Person bezeichnet, die keine Messe auslässt.

Manchmal ist es dann wieder eher die Idee hinter dem Wort als der Klang, die einen Ausdruck unterhaltsam macht: So ist das österreichische Äquivalent zum Bierbauch der *Backhendlfriedhof.*

Die modische Zweitsprache der Karriereorientierten ist das Englische, das sich in den Bereichen Mode, Wirtschaft und Politik durchgesetzt hat. Die Alltagssprache wimmelt von Wörtern wie *super, fit, clever* oder *sorry* (das letztere ist meis-tens ironisch gemeint und durchaus kein Ausdruck des Be-dauerns).

> ❯❯ **In Österreich können geläufige, alltägliche Sätze durch subtile Änderung der Betonung eine ganz andere Bedeutung bekommen.**

In Österreich können geläu-fige, alltägliche Sätze durch sub-tile Änderung der Betonung eine ganz andere Bedeutung bekommen, wodurch eine scheinbar harmlose Äußerung in eine bösartige verwandelt wird und Bösartiges harmlos klingt. In den Händen eines Meisters dieser Kunst wird die Sprache umgeformt, um laufend eine Vielzahl neuer Ausdrücke zu prägen. Aber da der Österreicher nun einmal ist, wie er ist, erwartet er nicht, dass sein Genie in irgendeiner Form angemessen gewürdigt wird. Deshalb verwandelt er sogar diese Missachtung in einen Aphorismus, wie Grillparzer, der sich beschwerte:

„Auszeichnung hier erwarte nie;
denn das System verbeut's.
Man hängt das [Verdienst-]Kreuz nicht ans Genie,
nein, das Genie ans Kreuz."

Konversation & Gestik

Die Österreicher besitzen ein derartiges Arsenal an unterschwellig beleidigenden verbalen Waffen, dass sie dazu nicht auch noch mit den Händen wedeln müssen. Tatsächlich kommen sie einem Außenstehenden wie ein ziemlich phlegmatischer Haufen vor. Es ist nicht ungewöhnlich, einen Gast bei einer Party den ganzen Abend gedankenversunken und schweigend dasitzen zu sehen, zweifellos Wittgensteins Motto folgend: „Wovon man nicht sprechen kann, darüber muss man schweigen."

>> **Die Österreicher besitzen ein derartiges Arsenal an unterschwellig beleidigenden verbalen Waffen, dass sie nicht noch mit den Händen wedeln müssen.**

Tatsächlich scheinen die Österreicher eine geradezu unerschöpfliche Gabe zu besitzen, sich nicht durch verbale Behauptungen oder Angebereien beeindrucken zu lassen (im Gegenzug lassen sie sich aber unverhältnismäßig leicht durch eine gute Show beeindrucken). Man hört häufig den abfälligen Kommentar „Er macht sich wichtig", wobei man der Wichtigtuerei von Besserwissern mit einer großzügigen Dosis Verachtung begegnet.

Um Arroganz oder Hinterhältigkeit zu entlarven, bemüht man oft regionale Vorurteile. Besonders in der Provinz herrscht ein von neidischer Missgunst geprägtes Bild vom Charakter der Wiener, das seinen Ausdruck in Begriffen findet wie: „Das ist ein wiendiger Typ" oder „Wer nichts wird, wird Wiener". Die Wiener erwidern das Kompliment mit herabsetzenden Bemerkungen über die „Tiroler Knödel" oder indem sie die Burgenländer als „Ostfriesen" bezeichnen.

》 Die raffinierteren Formen der Nörgelei haben sich zu einer Art von philosophischem Pessimismus entwickelt.

Nörgeln und jammern gehört zur Basisausstattung der österreichischen Konversation. „Einem Österreicher das Kritisieren zu verbieten, bedeutet, ihn zu kastrieren", behauptet die Sexualtherapeutin Gerti Senger. Allerdings wird das Genörgel mit großem persönlichen Charme und solcher Liebenswürdigkeit vorgebracht, dass es von Außenstehenden als in Unterwürfigkeit verpackte Aggression aufgefasst werden kann.

Die raffinierteren Formen der Nörgelei haben sich zu einer Art von philosophischem Pessimismus entwickelt, der mit der Fähigkeit der Österreicher zur Selbstdiagnose einhergeht. Ein ausdrucksstarkes Beispiel für professionellen Pessimismus findet man in der Aussage des Zukunftsforschers Professor Millendorfer, der anmerkte, dass die Aussichten für Österreich in den nächsten 20 oder 50 Jahren vielversprechend wären, vorausgesetzt das Land überlebe die nächsten fünf. Allerdings schien er bei einer Gelegenheit – für seine Verhältnisse – besonders positiv gestimmt zu sein und wurde dahingehend befragt. Er erklärte: „Die Dinge wenden sich zum Positiven für uns." Der Kollege antwortete: „Das freut mich zu hören – ist die Selbstmordrate in Österreich gesunken?" „Nein," sagte Professor Millendorfer, „sie ist bemerkenswert konstant. Aber im Rest der Welt zeigt sie einen enormen Anstieg."

Der Autor

Der britische Autor **Louis James** hat ungefähr 25 Jahre seines Lebens mehr oder weniger erfolgreich damit zugebracht, die Seele des *homo austriacus* zu ergründen. Trotz seiner tagtäglichen Begegnung mit dieser Spezies vermutet er, dass es leichter ist, den Yeti zu beschreiben (über den es nur wenige und nicht verifizierte Erkenntnisse gibt) als die Österreicher (über die es viel zu viele Informationen gibt, die aber leider alle widersprüchlich sind). Nichtsdestotrotz hat er sich von diesen Schwierigkeiten nicht davon abhalten lassen, viel Zeit in Cafés, Weinkellern und ähnlichen Lokalitäten zu verbringen und dort Feldstudien zu betreiben, um seine Eindrücke für die vorliegende Studie zu untermauern. Darin wurde er erfreulicherweise, bereitwillig und selbstlos, von vielen österreichischen Freunden und Bekannten unterstützt.

Seit er sich in Wien niedergelassen hat, hat er zahlreiche Berichte über das große Mysterium im Zentrum Europas geschrieben, immer in der Hoffung, einen neuen Schlüssel zu entdecken, der ihm Zugang zu den Geheimnissen Österreichs verschafft (den alten hat er schon vor langer Zeit in die Donau geworfen). Sollten sich seine Bemühungen als Fehlschlag erweisen, werden das, so vermutet er, nur wenige merken – aber bei denjenigen, die es bemerken, wird es ihn umso beliebter machen.

das Einkaufswagerl

der Zeller

Aschanti

Paradeiser

Staubzucker

Diese Ausdrücke und vieles andere über die österreichische Sprache findet sich im REISE KNOW-HOW Sprachführer:
Kauderwelsch Österreichisch – das Deutsch des Alpenlandes

Was mir noch aufgefallen ist...

Die Österreicher ...

Poste ein Bild von diesen Seiten auf Instagram unter #fremdenversteher #reiseknowhow oder auf Facebook/Reise Know-How oder schick uns eine Mail an fremdenversteher@reise-know-how.de

Was mir noch aufgefallen ist ...

In Österreich ...

Poste ein Bild von diesen Seiten auf Instagram unter #fremdenversteher
#reiseknowhow oder auf Facebook/Reise Know-How oder schick uns
eine Mail an fremdenversteher@reise-know-how.de

Außerdem von REISE KNOW-HOW:

Außer den Fremdenverstehern gibt es von REISE KNOW-HOW viele Bücher rund ums Reisen und für die weite Welt.

Reiseführer

Mehr wissen, mehr sehen, mehr erleben: Die kompletten Reisehandbücher für fast alle touristisch interessanten Länder und Gebiete. Seit 35 Jahren Antworten auf alle praktischen Fragen von A bis Z, dazu Hintergründe, Geschichte und Geschichten.

CityTrip

Die handlichen, praktischen Stadtführer mit Faltplan und Web-App für den individuellen Kurztrip. Erhältlich für alle Metropolen und die schönsten Reiseziele, aber auch für viele kleinere Städte, die es noch zu entdecken gilt.

Kauderwelsch-Sprachführer

Die Kauderwelsch-Familie umfasst neben dem handlichen Sprachführer auch den dazu passenden AusspracheTrainer (mp3-Download oder Audio-CD). Kauderwelsch-Sprachführer bieten mehr als ein reines Phrasenbuch: Die knappe Einführung in die Grammatik, die Wort-für-Wort-Übersetzungen und das Wörterverzeichnis helfen, sich schnell in der neuen Sprache zu orientieren und sie bald selbst anzuwenden. Auch gut für Auffrischer.

KulturSchock

Die Bände in der Reihe KulturSchock sind so etwas wie die großen Brüder der Fremdenversteher. Sie stellen fundiert Hintergründe dar, erklären Verhaltensweisen und bieten Orientierungshilfe im Reisealltag. Insbesondere für alle empfohlen, die sich beruflich, als Reisende oder wegen familiärer Verbindungen länger in einem anderen Land aufhalten.

**... und vieles mehr auf
www.reise-know-how.de**

„Die Franzosen mögen es, wenn sich die Regierung in ihr Leben einmischt. [...] der Staat ist Frankreich (wie Kochen, Wein, Frauen, das Landleben, Paris, Kultur, Kinder, Freiheit-Gleichheit-Brüderlichkeit und ihr angeborenes Recht, auf dem Zebrastreifen zu parken)."

„Die meisten Nationen betrachten die Niederländer als organisiert und effizient – ähnlich den Deutschen, nur nicht so beeindruckend. [...] Die Bäume in der Landschaft sind in Linien gepflanzt und die schwarz-weißen Kühe sind in ordentlichen kleinen Gruppen arrangiert."

„Japaner sind von Haus aus gesellig – Individualität und Egoismus sind genauso willkommen wie ein Sumoringer, der sich am Büffet vordrängelt. [...] In Japan möchte sich jeder von allen anderen unterscheiden und zwar auf genau die gleiche Art."

„Es muss an einem unbewussten Masochismus liegen, dass die Italiener es aufrichtig genießen, wenn man ihre Fehler hervorhebt. [...] Allerdings wird keine Kritik je so ernst genommen, dass man sich etwa veranlasst sähe, Gegenmaßnahmen zu ergreifen."

„Aus schwedischer Perspektive sind die Unterschiede zwischen den nordischen Ländern gravierend. Dänemark ist horizontal, Norwegen ist vertikal, Island schmilzt weg, Finnland ist ein Labyrinth und Schweden ist atemberaubend idyllisch."

„Die USA sind ein Land, in dem sich einst Abenteurer, religiöse Fanatiker und Außenseiter niederließen (eine demographische Mischung, die sich in den letzten 400 Jahren kaum geändert hat)."

In der Reihe „Die Fremdenversteher" sind bisher erhältlich:

So sind sie, die Amerikaner	ISBN 978-3-8317-2870-1
So sind sie, die Engländer	ISBN 978-3-8317-2872-5
So sind sie, die Franzosen	ISBN 978-3-8317-2873-2
So sind sie, die Isländer	ISBN 978-3-8317-2875-6
So sind sie, die Italiener	ISBN 978-3-8317-2876-3
So sind sie, die Japaner	ISBN 978-3-8317-2877-0
So sind sie, die Niederländer	ISBN 978-3-8317-2874-9
So sind sie, die Österreicher	ISBN 978-3-8317-2878-7
So sind sie, die Polen	ISBN 978-3-8317-2879-4
So sind sie, die Schweden	ISBN 978-3-8317-2880-0

Alle Titel haben 108 Seiten und kosten 8,90 € (in Deutschland). Außerdem sind alle Titel auch als E-Book verfügbar, jeweils in den Formaten epub und mobi (für Amazon kindle).